초 등 글 쓰 기 **12주** 완 성

저학년

맞춤법
잡는
글쓰기

[지에밥]
giebap

이 책을 확 잡는 방법

"읽기는 재미있는데 쓰기는 왜 어려울까?"

"눈으로 보면 다 아는 것 같은데 받아쓰기는 왜 못할까?'

"일기를 쓰려면 왜 오늘 한 일이 하나도 생각나지 않을까?"

글쓰기에 대한 이런저런 고민을 한 적이 있나요?

이 모든 것이 우리말에 대해 자신감을 갖지 못했기 때문이에요.

우리 말과 글을 사용하는 것은 아주 자연스럽고 즐거운 일이에요.

그럼에도 말하기와 글쓰기에 어려움을 느낀다면 그 원인을 찾아야 해요.

대부분의 어린이들이 문법에 맞게 낱말, 문장, 단락, 글을 바르게 써야 한다는

생각을 하지요. 그런데 이것에서 자유로워지려면 어느 정도

맞춤법에 대한 정리를 할 필요가 있어요.

이 책은 놀이를 하듯이 다양한 글을 읽고 맞춤법과 글쓰기를

완성할 수 있도록 구성하였어요. 교과서에 나온 어휘, 문법, 예문을

사용하였기 때문에 학교 공부에도 도움이 될 거예요.

다음에 설명된 이 책의 구성을 보면서 이 책을 완벽하게 활용하세요.

일상생활에서 자주 겪는
문제와 관련된 문법 문제를
풀어 봅니다.

맞춤법을 잡아라!

주변에서 흔히 보거나 즐기는 그림,
노래, 놀이 등의 통합적 자료를 보고
맞춤법을 정리해 봅니다.

글쓰기를 잡아라!

글쓰기의 배경 지식이 되는
다양한 읽을거리(옛이야기, 우화,
명작, 위인 이야기 등)를 읽고
학습 목표에 따라 글쓰기를
해 봅니다.

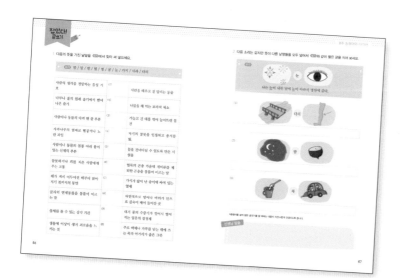

잡았다! 글쓰기

앞에서 배운 문법 내용을 바탕으로
자신의 상황에 적용하여 일기,
편지, 초대하는 글, 소개하는 글,
설명하는 글, 주장하는 글 등
다양한 갈래의 글쓰기를 해 봅니다.

차례

문 법	바르게 읽고 쓰기
제 재	〈꼬마야, 꼬마야〉(동요), 〈힘이 센 농부〉(옛이야기)
글쓰기	들려주는 말을 듣고 받아쓰기
교과 연계	1~2학년 전 교과

1주

소리 나는 대로 쓰면 안 되나요?

받아쓰기

공부한 날:　　　월　　　일

훈민이는 선생님이 들려주시는 낱말이나 문구를 듣고 받아쓰기를 했어요. 그런데 훈민이는 소리를 정확하게 듣고 따라 썼다고 생각했는데 80점을 맞았지요. 왜 그랬을지 생각해 보세요.

4월 16일 토요일 1학년 1반 10번	이름: 이훈민		
①. 아버지			
②. 어머니			
3. 아기			
④. 나			
⑤. 우리 가족			
6. 정다운 친구			
⑦. 고마운 선생님			
8. 즐거운 하꾜			
⑨. 모두 모여			
⑩. 우리는 하나			
검인	보호자	확인	점수
	담임	확인	80

잉잉, 억울해! 소리 나는 대로 제대로 따라 썼다고!

음, 소리 나는 대로 쓰면 모두가 백점일걸?

들려주는 말을 듣고 받아쓰기

쯧쯧, 훈민이가 글자를 소리 나는 대로만 받아 썼구나! 한글 맞춤법은 표준어를 소리 나는 대로 적되, 어법에 맞게 써야 해! '친구'는 글자와 소리가 같은 낱말이야. 그런데 [칭구]로 편하게 발음하여 소리 내는 경우도 있는데, 이것은 표준 발음이 아니야. 그리고 '학교'는 두 개의 안울림소리가 만나서 뒤의 소리가 된소리가 되어 [학꾜]로 발음되는데, 쓸 때에는 된소리로 적지 않는단다.

 정음이는 훈민이의 받아쓰기에 나왔던 낱말들로 카드를 만들었습니다. 카드에 적힌 낱말들을 소리 내어 읽고 다음 활동을 해 보세요.

아버지	어머니	아기	나
우리	가족	정다운	친구
고마운	선생님	즐거운	학교
모두	모여	하나	

쉿, 조용히!
내 목소리에
귀를 기울여 봐!

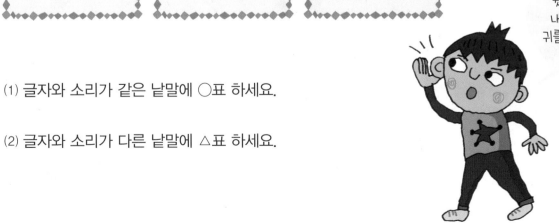

(1) 글자와 소리가 같은 낱말에 ○표 하세요.

(2) 글자와 소리가 다른 낱말에 △표 하세요.

훈민이와 정음이는 세종 대왕과 함께 〈꼬마야, 꼬마야〉 줄넘기 놀이를 하게 되었어요. 노래를 부르며 재미있게 놀다 보니 발음 문제로 다툼이 벌어졌어요. 올바른 발음을 생각하며 살펴보세요.

올바르게 발음하기

허허, 싸우지 마라! 우리말에서 받침소리를 발음할 때에는 주의해야 한단다. 받침 다음에 모음이 이어질 때에 받침의 발음이 달라지기 때문이지. 특히 'ㅊ', 'ㅋ', 'ㅍ' 등의 받침 다음에 모음이 이어지면 [ㅊ], [ㅋ], [ㅍ]으로 소리가 그대로 연결되어 나는 것을 기억해야 해!

1. 이 노래에서 강조된 다음 낱말을 바르게 발음한 것에 ○표 하세요.

(1) 돌아라 ➡	돌아라	도라라
(2) 짚어라 ➡	지버라	지퍼라
(3) 불러라 ➡	불러라	불어라
(4) 가거라 ➡	가거라	가그라

★ '돌아라', '짚어라'는 'ㄹ', 'ㅍ' 받침 뒤에 모음이 각각 이어져서 받침의 소리가 모음에 그대로 연결되어 나고, '불러라', '가거라'는 'ㄹ', '가' 뒤에 자음이 각각 이어져서 자음이 음절에 그대로 소리 납니다.

2. 다음 낱말을 올바르게 발음한 것에 ○표 하세요.

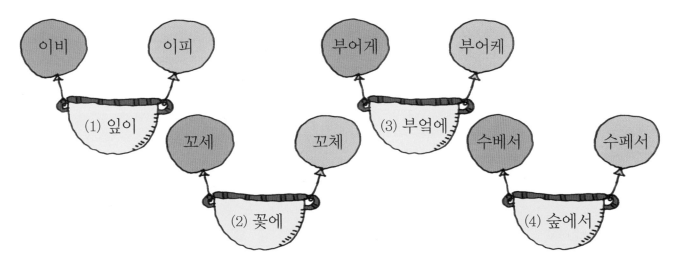

★ '잎이', '꽃에', '부엌에', '숲에서'와 같이 'ㅊ', 'ㅋ', 'ㅍ' 받침 다음에 모음이 이어지면 [ㅊ], [ㅋ], [ㅍ]으로 소리가 그대로 연결되어 납니다.

놀이를 마친 훈민이와 정음이는 〈힘이 센 농부〉라는 옛이야기를 읽었어요. 힘이 센 농부가 욕심을 부리다가 선비를 만나서 잘못을 뉘우친다는 내용이었지요. 낱말의 맞춤법에 유의하며 읽어 보세요.

옛날 어느 마을에 힘이 센 농부가 살았어요.

가을걷이가 한창일 때도 커다란 곡식 더미를 번쩍번쩍 들어올렸지요.

'이런 시골구석에서 살기에는 내 힘이 너무 아까워. 한양으로 가서 보여 줘야지!'

농부는 그 길로 한양으로 떠났고, 하인과 같이 가는 선비와 동행하게 되었어요.

그때 갑자기 도둑 무리가 나타나서 가진 것을 몽땅 내놓으라고 위협했어요.

하인이 벌벌 떨자 농부는 나무를 통째로 뽑아서 도둑들에게 휙휙 휘둘렀어요.

"아이고, 힘으로는 안 되겠다! 도망가자!"

도둑들이 줄행랑을 놓자 농부는 우쭐해져서 거들먹거렸어요.

잠시 뒤 일행은 주막에 들러 국수를 먹었지요.

"이보시오, 도둑들이 더 힘이 셌더라면 끝이 어떻게 되었을 것 같소?"

선비가 칭찬 대신 책망을 하자 농부는 자존심이 상했어요.

"이 세상에 나보다 힘이 센 사람은 없습니다요!"

그 말을 들은 선비가 커다란 바위를 번쩍 들어 올렸어요.

농부도 지지 않으려고 바위를 들었는데, 그만 푹 주저앉고 말았어요.

그때 선비가 빙그레 웃으며 말했어요.

"농부 양반, 세상은 넓고 힘이 센 사람은 무척 많다오. 도둑이 나타났을 때 내가 나서지 않은 것은 자칫 성급하게 덤볐다가 당신과 하인이 다칠까 봐 걱정한 탓이라오."

힘이 센 농부는 자신의 어리석음을 깊이 깨닫고 고향으로 돌아갔답니다.

글씨 바르게 쓰기

글씨를 바르게 쓰려면 바른 자세로 앉아서 연필을 바르게 잡아야 한단다.
그리고 한 글자 한 글자 또박또박 정성을 들여서 써야 하지. 그리고
모양이 비슷한 낱말을 어떻게 쓰는지 잘 보고 바르게 써야 한단다.

1. 이 글에 나온 다음 낱말을 소리 내어 읽고 바르게 써 보세요.

어느	마을	농부	선비
어 느	마 을	농 부	선 비

하인	도둑	나무	바위
하 인	도 둑	나 무	바 위

★바른 자세로 앉아서, 연필을 바르게 잡고 또박또박 글씨를 써 봅니다.

2. 다음은 이 글에서 강조된 낱말을 소리 나는 대로 쓴 것입니다. 맞춤법대로 고쳐 써 보세요.

(1) 가을거지 ➡ 가 을 걷 이   (2) 곡씩 ➡ 곡 식

(3) 가치 ➡ 같 이   (4) 갑짜기 ➡ 갑 자 기

(5) 국쑤 ➡ 국 수   (6) 끄치 ➡ 끝 이

★소리와 글자가 다른 낱말들입니다. '곡식, 갑자기, 국수'는 앞말의 받침 뒤에 나는 소리가 된소리로 변하여 발음하지만, 쓸 때에는 된소리로 적지 않습니다.

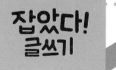

[1~2] 다음은 다솜이가 엄마에게 쓴 쪽지예요. 잘 보고 다음 물음에 답하세요.

> 엄마!
>
> 엄마 ㉠한태 전화했는데 안 ㉡바드셔서 저 먼저 학원 가요!
>
> 간식은 동생과 ㉢가치 먹었으니 ㉣걱쩡 마세요.
>
> 그리고 ㉤꽃에 물은 주었어요.
>
>   - 다솜 올림

1. ㉠~㉣을 맞춤법에 맞게 고쳐 써 보세요.

(1) ㉠ 한태 ➡ ☐ ☐   (2) ㉡ 바드셔서 ➡ ☐ ☐ ☐ ☐

(3) ㉢ 가치 ➡ ☐ ☐   (4) ㉣ 걱쩡 ➡ ☐ ☐

★글자를 쓸 때에는 소리 나는 대로 적되 어법에 따라야 합니다.

2. 다음 중, ㉤을 발음할 때와 같은 소리 현상이 일어나는 낱말이 <u>아닌</u> 것은 어느 것인가요?

① 잎이   ② 부엌에   ③ 숲에서

④ 무릎에   ⑤ 나무가

★'꽃에', '잎이', '부엌에', '숲에서', '무릎에'와 같이 'ㅊ','ㅋ','ㅍ' 받침 다음에 모음이 이어지면 [ㅊ], [ㅋ], [ㅍ]으로 소리가 그대로 연결되어 납니다. 하지만 '나무가'와 같이 받침이 없는 낱말은 모음이 이어져도 소리가 연결되지 않습니다.

3. 선생님이나 부모님이 들려주시는 낱말이나 문장을 듣고 받아쓰기를 해 보세요. 참! 잘했어요

월	일	요일	이름
학년	반	번	

1.

2.

3.

4.

5.

6.

7.

8.

9.

10.

검인	선생님	확인	점수	
	부모님	확인		

선생님 말씀

문 법	띄어쓰기의 필요성 · 방법 · 예
제 재	우리나라 지폐(실용 자료), 〈동네 한 바퀴〉(동요)
글쓰기	띄어쓰기 규정에 맞게 원고지에 옮겨 쓰기
교과 연계	1~2학년 전 교과, 3학년 2학기 2단원

2주

띄어 쓸까? 붙여 쓸까?

띄어쓰기

공부한 날: 월   일

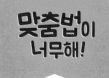

맞춤법이 너무해!

정음이는 만날 약속을 한 훈민이가 약속 장소에 나타나지 않자 몹시 화가 났어요. 그런데 훈민이는 계속 딴 소리를 했어요. 왜 그랬을지 살펴보세요.

띄어쓰기를 해야 하는 까닭

허허, 훈민이가 띄어쓰기를 하지 않아서 정음이가 오해를 했구나! 띄어쓰기를
바르게 하지 않으면 전하고자 하는 뜻을 분명 전달할 수 없단다.
예를 들어 훈민이는 '나가고 있어.'라고 하며 아직 출발하지 않았다는 뜻을
전했지만 정음이는 '나 가고 있어.'라고 이해하고 곧 만날 수 있다고 믿고
있었던 거야.

 정음이와 달리 훈민이는 문자에 띄어쓰기를 전혀 하지 않았어요. 다음 문장을 띄어쓰
기 규칙에 맞게 빈칸에 써 넣으세요.

나	가	고	있	어	.

(1) '아직 출발하지 않았지만 곧 출발할 것이다.'의 뜻일 때

➡ ☐ ☐ ☐ ☐ ☐ ☐ .

(2) '내가 지금 그곳으로 가고 있다.'의 뜻일 때

➡ ☐ ☐ ☐ ☐ ☐ ☐ .

띄어쓰기를
바르게 하면 전하고자 하는
뜻을 분명하게 할 수 있고,
읽는 이가 뜻을 분명히
이해할 수 있어.

 훈민이가 쓴 다음 문자를 바르게 띄어 쓰고, 그렇게 쓴 까닭을 빈칸에 써 넣으세요.

아버지가방에서나가셨어.

⬇

아	버	지	가		방	에	서		나	가	셨	어	.

⋁

➡ ☐ ☐ 과 ☐ ☐ 은 띄어 써야 하기 때문입니다.

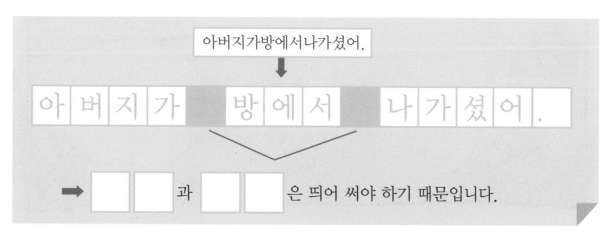

훈민이는 우리 주변의 모든 것들이 띄어쓰기에 맞게 쓰였는지 알아보았어요. 그런데 눈에 자꾸 걸리는 것이 있었지요. 왜 그랬을지 살펴보세요.

띄어쓰기의 올바른 방법 1
띄어쓰기를 바르게 하는 방법을 알아볼까?
1. 낱말과 낱말 사이는 띄어 씁니다.
2. '은/는', '이/가', '을/를', '의' 등과 같은 말은 앞말에 붙여 씁니다.
3. 수를 나타내는 말과 단위를 나타내는 말 사이는 띄어 씁니다.

1. 다음 지폐에서 금액을 띄어쓰기의 규정에 맞게 고쳐 보세요.

(1) 천 원 ➡ ☐

(2) 오천 원 ➡ ☐

(3) 만 원 ➡ ☐

(4) 오만 원 ➡ ☐

★ '한 개, 한 마리'처럼 수를 나타내는 말과 단위를 나타내는 말 사이는 띄어 써야 합니다. 숫자는 만 단위로 띄어 씁니다.

2. 다음 인물들의 이름을 띄어 써 보고, 나의 성과 이름을 바르게 띄어 써 보세요.

(1) 이이

☐ ☐ ☐

(2) 이황

☐ ☐ ☐

(3) 세종대왕

☐ ☐ ☐ ☐ ☐

(4) 신사임당

☐ ☐ ☐ ☐ ☐

(5) 내 이름

☐ ☐ ☐ ☐

★ 이름을 쓸 때에는 성과 이름을 붙여 씁니다. 그리고 관직 이름이나 호를 쓸 때에는 띄어 쓰는 것이 원칙입니다. 여기서 대왕은 관직 이름이고, 사임당은 호에 해당합니다.

다음은 〈동네 한 바퀴〉라는 동요의 노랫말이에요. 아침 일찍 일어나서 동네를 한 바퀴 산책하는 아이의 상쾌하고 건강한 마음이 담겨 있지요. 띄어쓰기에 유의하면서 노래를 즐겨 보세요.

동네 한 바퀴

다 같이 돌자 동네 한 바퀴
아침 일찍 일어나 동네 한 바퀴
우리 보고 나팔꽃이인사합니다.
우리도 인사하며 동네 한 바퀴
바둑이도같이돌자 동네 한 바퀴

띄어쓰기의 올바른 방법 2

수를 나타내는 말과 단위를 나타내는 말 사이는 이렇게 띄어 써야 해!
1. 수를 나타내는 말을 바르게 사용하여 앞에 씁니다.
2. 단위를 나타내는 말을 바르게 사용하여 뒤에 씁니다.

1. 이 글에서 노래하는 이는 상쾌한 마음으로 동네 한 바퀴를 돌고 있습니다. 다음 보기 와 같이 수를 나타내는 말을 넣어 띄어 써 보세요.

| 보기 | 1바퀴 ➡ | 한 | | 바 | 퀴 |

(1) 2바퀴 ➡

(2) 8바퀴 ➡

★'하나, 둘, 셋 … 여덟' 등의 수를 나타내는 말과 단위를 나타내는 말 사이는 띄어 써야 합니다.

2. 이 글에 나온 다음 문장을 바르게 띄어 써 보세요.

(1) 나팔꽃이인사합니다.

| 나 | | | | | | | | | |

(2) 바둑이도같이돌자.

| 바 | | | | | | | | | |

★낱말과 낱말 사이는 띄어 쓰고 '이', '가', '도'와 같은 낱말은 앞말에 붙여 씁니다.

3. 다음 그림을 보고 '나팔꽃'과 '바둑이'의 수와 단위를 나타내는 말을 넣어 써 보세요.

★낱 꽃의 수를 셀 때에는 '송이', 동물의 수를 셀 때에는 '마리'라는 단위를 함께 사용합니다.

1. 다음 그림을 보고 수와 단위를 나타내는 말을 넣어 바르게 띄어 써 보세요.

(1) 사과

(2) 바둑이

(3) 양말

★수를 나타내는 말과 단위를 나타내는 말 사이는 띄어 씁니다.

2. 다음 문장을 바르게 띄어 써 보세요.

(1) 솔이가동생에게심부름을시켰다.

(2) 이순신장군이명량에서승리하셨다.

(3) 할머니께서한복한벌을사오셨다.

★'은/는', '이/가', '의', '에', '에게', '으로/로', '과/와', '도', '처럼', '부터', '보다', '이다' 등과 같이 사람이나 사물을 나타내는 말 뒤에 쓰이는 말은 앞말에 붙여 씁니다. 그리고 단위를 나타내는 말은 앞말과 띄어 씁니다. 이름을 쓸 때에는 성과 이름은 붙여 쓰고 이름 뒤에 붙는 관직 이름은 띄어 씁니다.

3. 다음 글을 띄어쓰기 규정에 맞게 원고지에 옮겨 써 보세요.

토끼와거북이달리기경주를하였습니다. 처음에는토끼가거북을훨씬앞질렀습니다. 그러자토끼가자만해서나무아래에서쿨쿨낮잠을잤습니다. 하지만거북은끝까지포기하지않고기어갔습니다. 마침내거북은뒤늦게깬토끼에게승리하였습니다.

★ 문단의 첫 칸은 띄어 쓰고, 낱말과 낱말 사이는 띄어 씁니다. '은/는', '이/가', '을/를', '의' 등과 같은 말은 앞말에 붙여 쓰고, 마침표 뒤의 낱말은 띄어 쓰고, 수를 나타내는 말과 단위를 나타내는 말 사이는 띄어 씁니다.

선생님 말씀

3주

어떤 말을 쓸까?

알맞은 낱말

공부한 날: 월   일

훈민이가 정음이에게 친구들을 소개하려고 해요. 그래서 친구들이 노는 모습을 그렸는데, 웬일인지 두 그림 속 친구의 모습과 그 위의 낱말이 서로 다르네요. 다른 부분을 찾아보세요.

알맞은 낱말

자신의 생각을 분명하게 나타내려면 문맥이나 상황에 알맞은 낱말을 정확하게 사용해야 한단다.

예를 들어, 어떤 문맥이나 상황에서 '편지 등을 다른 이에게 보내다.'라는 뜻을 가진 '부치다'와 '서로 꽉 맞닿아서 떨어지지 않게 하다.'라는 뜻을 가진 '붙이다'는 구분하여 써야 전하고자 하는 내용을 정확하게 나타낼 수 있단다.

 두 그림에는 친구들의 모습과 관련된 낱말들이 있습니다. 그림과 관련된 다음 문장을 읽고, 알맞은 낱말을 골라서 ○표 하세요.

(1) 꽃을 든 친구는 키가 (적다, 작다).

(2) 친구가 그넷줄에 손을 (붙이다, 부치다).

(3) 여자 친구가 줄넘기를 (맞히다, 마치다).

(4) 친구가 엉덩이를 (닫히다, 다치다).

(5) 오리들이 가는 방향이 (틀리다, 다르다).

(6) 모자 쓴 친구가 저쪽을 (가리키다, 가르치다).

 두 그림의 제목을 붙이려고 합니다. 다음에 알맞은 낱말을 보기 에서 찾아 빈칸에 써 넣으세요.

> 보기 다른 틀린 숨은

☐☐ 그림 찾기

★ '다르다'는 '비교가 되는 두 대상이 서로 같지 아니하다.'라는 뜻이고, '틀리다'는 '셈이나 사실 따위가 그르게 되거나 어긋나다.'라는 뜻입니다.

정답 (1) 작다 (2) 붙이다 (3) 마치다 (4) 다치다 (5) 다르다 (6) 가리키다 다른 훈민이와 정음이는 레오나르도 다 빈치의 그림인 〈모나리자〉를 보면서 의견을 나누었어요. 그런데 알맞지 않은 낱말을 써서 오해가 생겼지요. 왜 그랬을지 잘 살펴보세요.

알맞은 낱말을 사용하는 방법

문맥이나 상황에 알맞은 낱말을 사용하지 않으면 읽는 사람이 내용을 정확히 이해할 수 없어!

예를 들어, 두 대상을 비교하여 차이가 있을 때에는 맞지 않다는 뜻을 나타내는 '틀리다' 대신 두 대상이 서로 같지 않다는 뜻의 '다르다'를 써야 한단다.

1. 이 만화에서 알맞지 않은 낱말을 상황에 맞게 바르게 고쳐 써 보세요.

(1) 제 생각은 <u>틀려요</u>. ➡ 제 생각은 ⬚ .

(2) 눈썹 그리는 걸 <u>잃어버렸나 봐요.</u> ➡ 눈썹 그리는 걸 ⬚ .

(3) 가짜 눈썹을 <u>부쳐 주고</u> 싶어. ➡ 가짜 눈썹을 ⬚ 싶어.

★ 두 대상이 서로 같지 않다는 뜻일 때에는 '다르다'를, 기억하는 기능을 발휘하지 못한다는 뜻일 때에는 '잊다'를, 서로 꼭 맞닿아서 떨어지지 않게 하다는 뜻일 때에는 '붙이다'를 각각 써야 합니다.

2. 정음이가 〈모나리자〉를 소개하는 글을 썼습니다. 다음 문장에 알맞은 낱말에 ○표 하세요.

(1) 〈모나리자〉는 레오나르도 다 빈치가 그린 그림을 (가르치는, 가리키는) 말입니다.

(2) 나는 〈모나리자〉를 보고 신비로운 여인의 모습에 가슴을 (졸였습니다. 조렸습니다.) 모나리자는 옷차림이 단정하고, 눈, 코, 입이 또렷합니다. 그리고 입꼬리가 살짝 올라가 있고 눈썹이 없습니다. 이 때문에 더 신비롭고 아름답습니다.

(3) 나는 (반드시, 반듯이) 이 그림을 기억할 것입니다.

★ '가리키다'는 손가락 따위로 어떤 방향이나 대상을 집어 보이거나 알릴 때에 쓰는 말입니다. '졸이다'는 속을 태우다시피 초조해하다의 뜻으로, '반드시'는 틀림없이라는 뜻으로 각각 쓰입니다.

훈민이와 정음이는 〈여우와 포도밭〉이라는 이솝 이야기를 읽었어요. 지나친 욕심을 부리지 말
라는 교훈을 담고 있었지요. 이 이야기에서 알맞은 낱말에 유의하며 읽어 보세요.

어느 배고픈 여우가 외딴길을 가고 있었어요.

"아이고, 다리야! 며칠을 걷느라 다리가 절이고 배고파 죽겠네!"

그때 여우는 바로 옆 포도밭을 발견하였어요.

그곳에는 탐스러운 포도가 주렁주렁 매달려 있었지요.

"아니, 이게 웬 떡이야! 주인은 없겠지?"

여우는 가슴을 조리며 포도밭으로 살금살금 다가갔어요.

포도밭에는 울타리가 쳐 있고 쥐가 드나들 만한 작은 구멍만 나 있었지요.

"어쩌지? 구멍이 너무 작아서 들어갈 수 없잖아!"

여우는 약이 잔뜩 올랐지만 울분을 시키고 다짐했어요.

"며칠을 굶을지언정 반드시 들어가고 말 테야!"

여우는 사흘 동안 굶어서 몸을 주렸어요.

포도밭에 겨우 들어온 여우는 정신없이 포도를 따 먹기 시작했어요.

"아, 배부르다. 실컷 먹었으니 이제 슬슬 밖으로 나가 볼까?"

여우는 들어왔던 구멍으로 머리를 내밀었어요.

그런데 배가 너무 불러서 도저히 빠져 나갈 수가 없었지요.

여우는 또 다시 사흘을 굶어서 겨우 울타리를 빠져 나올 수 있었지요.

그때 여우는 탄식하며 말하였어요.

"배고프기는 들어갈 때나 나올 때나 마찬가지군."

알맞은 낱말을 고르는 방법

문맥이나 상황에서 알맞은 낱말을 잘 고르려면 이렇게 해 봐!

1. 전하고자 하는 내용을 정확하게 나타내는 방법이 무엇인지 생각해 봅니다.
2. 글의 앞뒤 내용을 잘 연결해 주는 낱말이 무엇인지 생각해 봅니다.
3. 낱말의 뜻을 정확하게 알고 사용합니다.

1. 다음 밑줄 친 낱말을 알맞은 낱말로 바꾸어 써 보세요.

(1) 다리가 <u>절이다</u>.　　➡　　다리가 (　　　　　).

(2) 가슴을 <u>조리다</u>.　　➡　　가슴을 (　　　　　).

(3) 울분을 <u>시키다</u>.　　➡　　울분을 (　　　　　).

(4) 몸을 <u>주리다</u>.　　➡　　몸을 (　　　　　).

★낱말의 뜻을 정확하게 알아봅니다.

2. 이 글에 쓰인 '반드시'는 '반듯이'와 소리는 같지만 뜻이 다른 낱말입니다. 이 같은 낱말들을 넣어 보기 와 같이 짧은 글을 지어 보세요.

> 보기　반드시-내가 <u>반드시</u> 이루고 말 테야.
> 　　　반듯이-아기가 <u>반듯이</u> 누웠다.

(1) 배다 ➡ (　　　　　　　　　　)
　　베다 ➡ (　　　　　　　　　　)

(2) 묵다 ➡ (　　　　　　　　　　)
　　묶다 ➡ (　　　　　　　　　　)

(3) 삼다 ➡ (　　　　　　　　　　)
　　삶다 ➡ (　　　　　　　　　　)

★(1) '배다' : 냄새가 스며들어 오래 남다. '베다' : 자르거나 가르다. (2) '묵다' : 일정한 곳에 머무르다. '묶다' : 줄 따위를 매듭으로 만들다.
　(3) '삼다' : 무엇을 무엇이 되게 하거나 여기다. '삶다' : 물에 넣고 끓이다.

1. 다음 그림을 보고 알맞은 낱말에 ○표 하세요.

(1) 달리기를 (맞히다, 마치다).

(2) 종이를 풀로 (부치다, 붙이다).

(3) 빨래를 (삼다, 삶다).

(4) 지갑을 (잊어버리다, 잃어버리다).

(5) 아기가 (반드시, 반듯이) 눕다.

★ 비슷해 보이지만 뜻이 다른 낱말을 잘 구별하려면 낱말의 뜻을 정확하게 알아야 합니다.

2. 다음 밑줄 친 낱말을 알맞은 낱말로 바꾸어 써 보세요.

(1) 거지가 배를 <u>줄이다</u>.　　➡　　거지가 배를 (　　　　　).

(2) 나무꾼이 나무를 <u>배다</u>.　➡　　나무꾼이 나무를 (　　　　　).

(3) 형을 나의 스승으로 <u>삵다</u>. ➡　형을 나의 스승으로 (　　　　　).

★ 받침에 유의하여 알맞은 낱말을 찾아봅니다.

3. 문장에 알맞은 낱말을 사용하여 '나'를 소개하는 글을 써 보세요.

★소개하는 대상과 소개하는 까닭을 먼저 설명하고, 대상에 대하여 소개하고 싶은 내용을 씁니다. '나'의 이름, 가족, 좋아하는 것 등을 씁니다.

선생님 말씀

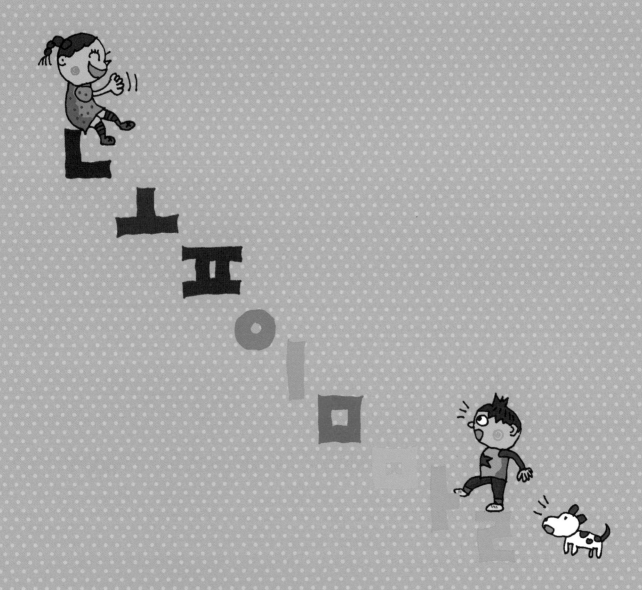

4주

항상 높임말을
써야 하나요?

높임말

공부한 날: 월   일

맞춤법이 너무해!

어버이날에 훈민이는 아침 일찍 일어나서 부모님께 카네이션을 달아 드리고 손 편지도 드렸어요. 그런데 부모님의 표정이 왠지 난처해 보이셨지요. 이 글을 읽고, 왜 그럴지 생각해 보세요.

엄마 아빠께

엄마 아빠, 잘 주무셨어요?
그동안 나를 낳고 키워 주셔서 수고하셨어요.
앞으로도 나는 밥 잘 먹고 잘 클 거예요.
엄마 아빠도 밥 잘 먹고 행복하게 사세요.
고맙습니다.

－아들 올림

훈민이가

힝, 어젯밤 열심히 썼는데 표정이?

야, 웃어른에게는 높임말을 써야지!

높임말

쯧쯧, 훈민이가 웃어른에게 높임말을 쓰는 방법을 잘 모르고 있구나! 높임말은 주로 웃어른께 공경하는 마음을 담아 하는 말이야. 할아버지, 할머니, 부모님, 선생님 등 웃어른에게는 높임말을 사용해야 한단다.
예를 들어, 웃어른에게 '나'를 말할 때에는 '저'라고 바꾸어 써야 해. 그리고 '수고'라는 낱말은 언어 예절에 어긋난 표현이므로 사용하지 않는 것이 좋단다. 또, 웃어른에게는 '밥' 대신 '진지', '먹다' 대신 '드시다' 등과 같은 높임말을 써야 한단다.

 다음은 훈민이가 웃어른에게 잘못 사용한 낱말들입니다. 사다리를 타고 가서 알맞은 높임말을 찾아보세요.

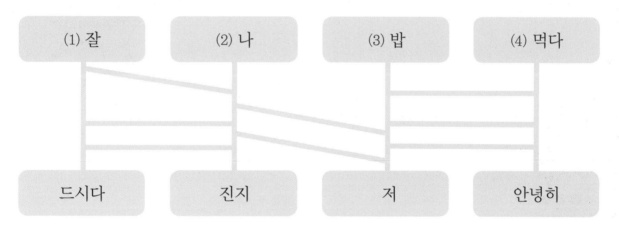

 위의 내용을 바탕으로 하여 다음 빈칸에 알맞은 높임말을 넣어 고쳐 써 보세요.

엄마 아빠, ☐ ☐ ☐ 주무셨어요?

그동안 ☐ 를 낳고 키워 주셔서 ☐ ☐ ☐ ☐ ☐.

앞으로도 ☐ 는 밥 잘 먹고 잘 클 거예요.

엄마 아빠도 ☐ ☐ 잘 ☐ ☐ ☐ 행복하게 사세요.

고맙습니다.

훈민이와 정음이는 조선의 화가 김홍도의 〈서당〉이라는 그림을 보고 있어요. 그림을 보면서
세종 대왕과 재미있는 대화를 나누었지요. 함께 감상해 보세요.

높임말을 바르게 사용하는 방법

선생님, 부모님 등과 같은 웃어른에게 높임말을 쓸 때에는 이렇게 해 봐!

1. 문장을 '-습니다.'로 끝냅니다.

2. 이름 뒤에 '께'나 '께서'를 붙입니다.

3. '-시-'를 넣습니다.

4. 높임의 뜻이 있는 낱말을 사용합니다.

1. 이 만화에서 밑줄친 말을 높임말로 고칠 때 알맞은 것을 보기 에서 찾아 써 넣으세요.

| 보기 | 병원 병환 괜찮으셔서 편찮으셔서 연세 회갑 말씀 말벗 |

(1) 병 ➡ ☐☐

(2) 아파서 ➡ ☐☐☐☐

(3) 나이 ➡ ☐☐

(4) 말 ➡ ☐☐

★ 예사말을 높임의 뜻이 있는 낱말로 바꾸는 활동입니다. 각각의 낱말에 해당하는 높임말을 찾아봅니다.

2. 이 만화를 보고 보기 와 같이 상황에 맞게 밑줄 친 말을 높임말로 고쳐 보세요.

| 보기 | 개똥이 어머니가 아프다. ➡ 개똥이 어머니께서 편찮으시다. |

(1) 훈장님이 개똥이를 혼내다. ➡ 훈장님(   ) 개똥이를 (   ).

(2) 아이가 훈장님 말을 잘 듣다. ➡ 아이가 훈장님 (   )을 잘 듣다.

★ 높임말을 쓸 때에는 높임말을 써야 할 대상인지 아닌지 정한 뒤에 높임말을 바르게 사용해야 합니다.

훈민이와 정음이는 〈호랑이 형님〉이라는 옛이야기를 읽었어요. 가난한 나무꾼이 우연히 알게
된 호랑이를 통해 효도의 의미를 깨닫는다는 내용이지요. 높임말에 유의하면서 읽어 보세요.

옛날 어느 마을에 가난한 나무꾼이 살았어요.

나무꾼은 병든 어머니를 위해 날마다 나무를 열심히 했어요.

어느 날 나무꾼이 산을 넘어 가다가 험상궂은 호랑이를 만났어요.

나무꾼은 정신을 바짝 차리고 기발한 꾀를 생각해 내었어요.

"아이고, 형님! 어머니가 저에게 형이 하나 있는데 죽어서

호랑이가 되었다고 하시더니 바로 그 형님이시군요!"

호랑이는 당황하는가 싶더니 곧 그 말을 믿었어요.

"동생아, 네가 어머니를 모시느라 그동안 고생이 많았다.

지금 당장 내가 어머니를 뵙고 싶지만 호랑이의 탈을 쓰고 그럴 수는 없다."

호랑이는 그 날부터 날마다 돼지를 가져다 나무꾼의 집 앞에 놓았어요.

그 뒤 나무꾼은 호랑이 형님의 덕분으로 부자가 되었지요.

그러다가 나무꾼의 어머니가 돌아가시고, 호랑이는 한동안 나타나지 않았어요.

얼마 뒤 나무꾼이 궁금해서 호랑이를 찾아갔어요.

그런데 호랑이가 새끼들과 어머니 산소에서 상복을 입고 울고 있었어요.

"형님, 이게 무슨 일입니까?"

"어머니가 돌아가셨는데 어찌 내가 밥 잘 먹고 잘 수 있겠느냐?

자식 된 도리로 이렇게 슬퍼하는 것이란다."

나무꾼은 호랑이 형님의 효성에 감동하여 눈물을 흘렸어요.

그리고 호랑이가 죽은 뒤에 어머니 산소 옆에

호랑이의 묘를 만들어 주었어요.

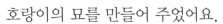

높임말을 사용하여 글 쓰는 방법
높임말을 제대로 사용하여 글을 쓰려면 이렇게 해 봐!
1. 어른이나 사회적 지위가 높은 사람에게 높임말을 씁니다.
2. 어른에게 나를 낮추어서 씁니다.
3. 어른에게 예사말과 쌍을 이루는 높임말을 씁니다.

1. 다음 문장의 밑줄 친 부분을 대상에 따라 알맞은 높임말을 보기 에서 찾아 써 보세요.

보기   병드시다   편찮으시다   만나시다   뵙다

(1) 어머니께서 병들다.   ➡   어머니께서 (   )．

(2) 형이 어머니를 만나다.   ➡   형이 어머니를 (   )．

★ '병들다', '만나다'와 짝을 이루는 높임말을 찾아 써 봅니다.

2. 보기 와 같이 다음 밑줄 친 낱말이 높일 수 있는 다른 대상을 골라 ○표 하고 써 보세요.

보기   나무꾼이 (어머니)를 모시다. (⟨어머니⟩ 동생)

(1) 내가 (   )(을)를 모시다. (부모님, 아기)

(2) 부모님이 (   )(을)를 모시다. (할아버지, 아들)

(3) 제자가 (   )(을)를 모시다. (선생님, 친구)

★ '모시다'는 웃어른이나 존경하는 이를 가까이에서 받들다는 뜻입니다.

1. 다음 낱말과 짝을 이루는 높임말을 찾아 줄로 이어 보세요.

(1) 밥 •
(2) 이름 •
(3) 나이 •
(4) 집 •
(5) 말 •

• ① 말씀
• ② 댁
• ③ 연세
• ④ 진지
• ⑤ 성함

★각 예사말과 쌍을 이루는 높임말을 찾아 줄로 이어 봅니다.

2. 다음 밑줄 친 낱말을 높임말로 바꾸어 보세요.

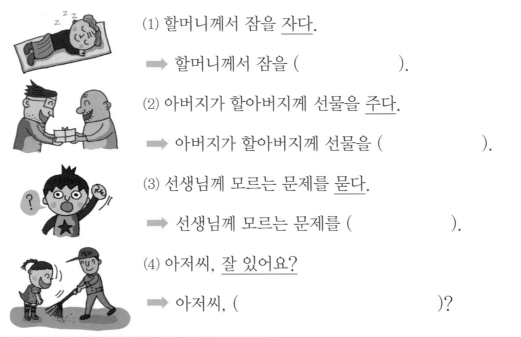

(1) 할머니께서 잠을 자다.

➡ 할머니께서 잠을 ( ).

(2) 아버지가 할아버지께 선물을 주다.

➡ 아버지가 할아버지께 선물을 ( ).

(3) 선생님께 모르는 문제를 묻다.

➡ 선생님께 모르는 문제를 ( ).

(4) 아저씨, 잘 있어요?

➡ 아저씨, ( )?

★'자다, 주다, 묻다, 잘 있다'와 쌍을 이루는 높임말을 넣어 봅니다.

3. 대상에 알맞은 높임말을 사용하여 부모님께 고마운 마음을 담은 편지를 써 보세요.

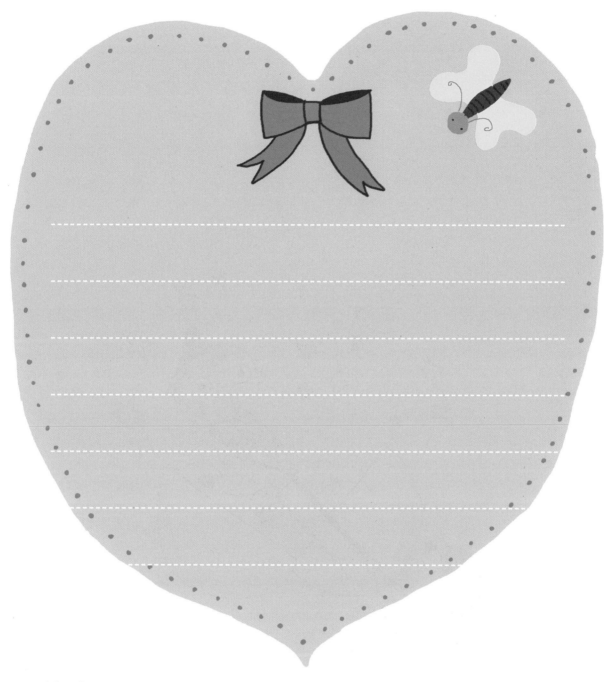

★부모님께 고마웠거나 죄송했던 일을 떠올려 봅니다. 전하고 싶은 마음과 그런 마음이 든 까닭을 알맞은 높임말을 사용하여 씁니다.

선생님 말씀

학습
내용

5주

앗, 낱말이 쪼개졌다!

낱말의 짜임

공부한 날: 월   일

훈민이와 정음이는 요술 거울이 있는 방에 초대되었어요. 이 방에는 커다란 거울과 여러 동물들이 있었지요. 그런데 동물의 모습이 거울 속에서 서로 다른 두 개의 모습으로 변하여 나타났어요. 어떻게 된 일인지 살펴보세요.

낱말의 짜임

하하, 쪼갤 수 있는 낱말을 요술처럼 쪼개 주는 거울이구나! 낱말의 짜임을 볼 때 쪼갤 수 있는 낱말과 쪼갤 수 없는 낱말로 나눌 수 있단다.
예를 들어, '거울'은 더 이상의 낱말로 쪼갤 수 없지만, '사냥개', '들쥐', '방울새', '금붕어' 등은 뜻이 있는 낱말로 더 쪼갤 수 있어.

 보기 와 같이 다음 낱말을 쪼개어 써 보세요.

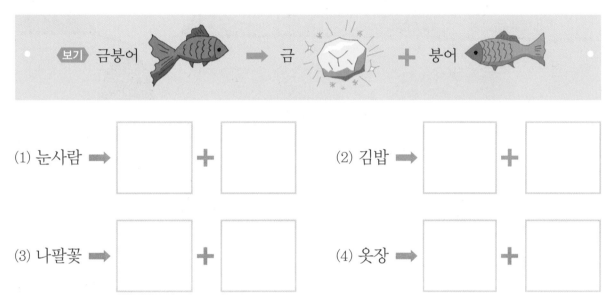

(1) 눈사람 ➡ ▢ + ▢

(2) 김밥 ➡ ▢ + ▢

(3) 나팔꽃 ➡ ▢ + ▢

(4) 옷장 ➡ ▢ + ▢

 요술 거울 방에서 나온 훈민이와 정음이는 먹을 것을 찾았습니다. 다음 음식 이름 중 쪼갤 수 있는 낱말에 ○표 하세요.

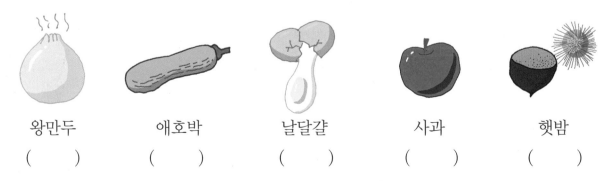

왕만두　　애호박　　날달걀　　사과　　햇밤
(　　)　　(　　)　　(　　)　　(　　)　　(　　)

정답 ★ (1) 눈, 사람 (2) 김, 밥 (3) 나팔, 꽃 (4) 옷, 장　🏰 왕만두, 애호박, 날달걀, 햇밤 훈민이와 정음이는 요리에 쓸 채소를 사려고 채소 가게에 갔어요. 그곳에는 아르침볼도의 〈채소 기르는 사람〉이라는 그림이 걸려 있었어요. 이 그림에는 비밀이 숨어 있다고 하는데, 그 비밀을 찾아보세요.

낱말의 짜임을 알아보는 방법

낱말의 짜임을 알면 낱말이 더 쉬워져!

1. 낱말의 짜임을 생각하며 글을 읽습니다.
2. 낱말을 쪼갤 수 있는 낱말과 쪼갤 수 없는 낱말로 구분해 봅니다.

1. 이 그림에 있는 채소의 이름을 《보기》에서 찾아 써 보세요.

> 《보기》 버섯 양파 호두 무 당근

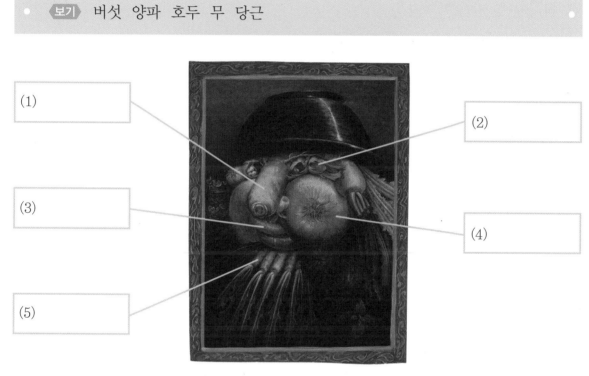

(1) (2) (3) (4) (5)

★ 깨진 호두가 눈, 뾰족한 당근이 코와 귀, 동그란 양파가 뺨, 기다란 버섯이 입, 날씬한 무 뿌리가 수염이 되었습니다.

2. 《보기》와 같이 음식 이름을 쪼갤 수 있는 낱말로 써 보세요.

> 《보기》 오이 + 소박이 = 오이소박이

(1) 쌀 + 밥 = (   )   (2) 미역 + 국 = (   )

(3) 무 + ㅅ + 국 = (   )   (4) 갈비 + 찜 = (   )

★음식 이름을 '재료+음식'으로 나누어 써 봅니다.

글쓰기를 잡아라!

훈민이와 정음이는 음식과 관련된 〈떡 하나 주면 안 잡아먹지〉라는 옛이야기를 읽었어요. 어머니가 지혜를 발휘하여 호랑이의 위협으로부터 목숨을 구한다는 내용이었지요. 빈칸에 들어갈 쪼갤 수 있는 낱말과 쪼갤 수 없는 낱말이 무엇이 있는지 생각하면서 읽어 보세요.

옛날, 떡시루를 인 어머니가 산을 넘고 있었어요.

첫 번째 고개를 넘을 때, 산길 한가운데에서 무서운 호랑이를 만났어요.

"떡 하나 주면 안 잡아먹지."

어머니는 할 수 없이 시루떡을 하나 주었어요.

다음 고개에서도 그 호랑이가 "떡 하나 주면 안 잡아먹지." 하며 나타났어요.

셋째 고개, 넷째 고개, 다섯째 고개.

고개를 넘을 때마다 호랑이를 만나는 바람에 어머니는 떡을 모두 빼앗기고 말았어요.

'떡이 다 떨어졌는데 어떡하지? 이제 내가 잡아먹히겠는걸?'

마침내 마지막 고개에서 호랑이를 만나자 어머니는 꾀를 내었어요.

"이제까지 네 소원을 내가 들어 주었으니 이번에는 내 소원을 들어 주거라."

어머니는 심술쟁이 호랑이에게 두 개의 문제를 내어 다 맞추면

호랑이의 소원대로 하고, 맞추지 못하면 어머니를 놓아 주라고 제안했어요.

"먼저, 우리 말 중에 쪼갤 수 없는 낱말 여섯 가지를 대 보거라."

호랑이가 다 맞추자 어머니는 두 번째 문제를 내놓았어요.

"우리 말 중에서 쪼갤 수 있는 낱말 여섯 가지를 대 보거라."

어리석은 호랑이는 이 물음에 대답하지 못하였지요.

마침내 어머니는 죽을 고비를 넘기고 집으로 돌아갔답니다.

쪼갤 수 있는 낱말을 찾는 방법

낱말을 쪼갤 수 있는 말인지 알려면 이렇게 해 봐!

1. 각각 쪼갠 낱말의 뜻이 있는지 살펴봅니다.
2. 쪼개기 전과 쪼갠 후의 뜻이 어떻게 달라졌는지 살펴봅니다.

1. 호랑이는 어머니의 첫 번째 문제인 '쪼갤 수 없는 낱말'을 어떻게 답했을까요? 보기 에서 찾아 써 보세요.

> 보기 산 / 떡 / 고개 / 산길 / 떡시루 / 하나 / 다음 / 어머니 / 한가운데

★더 작은 부분으로 나누면 뜻을 가지지 못하는 낱말을 찾습니다.

2. 호랑이가 답하지 못한 '쪼갤 수 있는 낱말'을 따라 쓰고, 빈칸에 자신이 찾은 낱말을 써 보세요.

산	길
떡	시	루
한	가	운	데

★더 작은 부분으로 나누었을 때에는 각각의 뜻을 가지는 낱말을 찾아봅니다. 단, 한자어는 낱자 하나하나에 뜻이 있습니다.

1. 보기 의 낱말들을 다음의 쪼갤 수 없는 낱말과 쪼갤 수 있는 낱말로 나누어 써 보세요.

> 보기
>
> 누나 / 국밥 / 햇김 / 소라 / 동그라미 / 눈사람 / 애호박 / 잠옷 / 이불 / 거울
> 꽃병 / 책가방 / 바다 / 밥그릇 / 눈물 / 풋잠 / 잠꾸러기 / 심술꾸러기 / 개구쟁이

(1) 쪼갤 수 없는 낱말

(2) 쪼갤 수 있는 낱말

★낱말을 각 글자가 뜻이 있는지 없는지 구별해 봅니다. 이때, 각각이 뜻을 가지고 있지 않으면 쪼갤 수 없는 낱말, 뜻을 가지고 있으면 쪼갤 수 있는 낱말에 해당합니다.

2. 내가 좋아하는 요리를 만드는 방법을 글로 써서 설명하려고 합니다. 쓸 내용을 보기 와 같이 나누어 보세요.

> 보기
>
> 요리 이름: 떡볶이
>
> | 설명하는 목적 | 일의 순서와 방법 | 유의할 점 |
> |---|---|---|
> | 다른 사람에게 맛의 비법을 알려 주려고 | 처음에 물과 고추장을 넣고 끓인 다음 떡볶이와 채소를 넣고 갖은 양념으로 마무리한다. | 고춧가루는 개인의 취향에 따라 추가한다. |

요리 이름:(   )

(1) 설명하는 목적	(2) 일의 순서와 방법	(3) 유의할 점

3. 2에서 정리한 내용을 바탕으로 하여, '내가 좋아하는 요리를 만드는 방법'을 설명하는 글로 써보세요. 이때, 쪼갤 수 있는 낱말을 넣어 '처음 – 가운데 – 끝'으로 나누어 써 보세요.

요리 이름 :

★ '설명하는 목적, 일의 순서와 방법, 유의할 점'으로 나누고, 각각 '처음 – 가운데 – 끝'으로 나누어 써 봅니다.

선생님 말씀

학습
내용

6주

느낌의 차이를 느껴 봐요!

느낌을 나타내는 말

공부한 날:　　월　　일

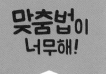

훈민이와 정음이는 봄나들이를 나왔어요. 파릇파릇 돋은 새싹과 울긋불긋 핀 예쁜 꽃들을 보면서 동시를 지었지요. 훈민이, 정음이와 함께 봄의 느낌을 표현해 보세요.

느낌을 나타내는 말

음, 모두가 훌륭한 시인이구나! 아름다운 모습이나 좋은 풍경을 보면 느낌을 표현하고 싶어지지! 이때 느낌을 나타내는 말을 사용하면서 글을 쓰면 읽는 이가 실감나게 느낄 수 있단다. 느낌을 나타내는 말은 눈으로 보고, 귀로 듣고, 코로 냄새 맡고, 입으로 맛보고, 손으로 만져서 느껴지는 것을 표현한 것이야. 예를 들어, '살랑살랑, 팔랑팔랑'은 눈으로 본 것을, '필릴릴리'는 귀로 들은 것을, '보드레하다'는 손으로 만진 느낌을 나타낸 말이야.

 다음 눈, 코, 귀, 입, 손과 관련된 느낌을 나타내는 낱말을 보기 에서 찾아 써 넣으세요.

보기 살랑살랑 / 팔랑팔랑 / 필릴릴리 / 보드레하다 / 흔들흔들 / 잘바닥잘바닥하다 / 달콤하다 / 뽀독뽀독하다 / 쿵쿵

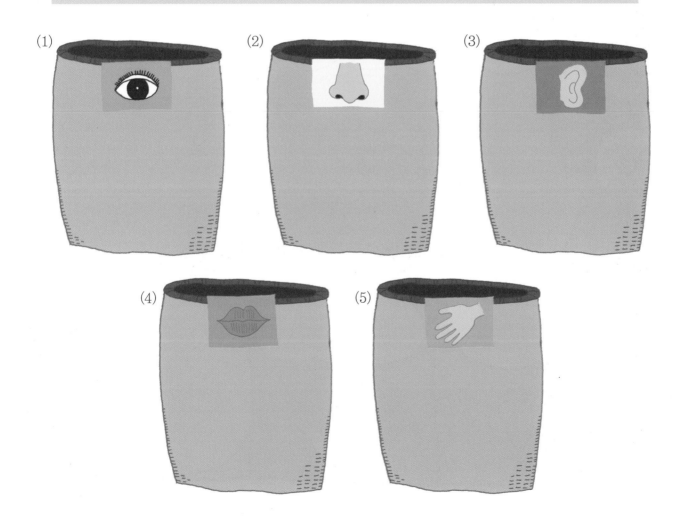

정답 (1) 살랑살랑, 팔랑팔랑, 흔들흔들, 잘바닥잘바닥하다 (2) 쿵쿵 (3) 필릴릴리 (4) 달콤하다 (5) 보드레하다, 뽀독뽀독하다

훈민이와 정음이는 봄의 느낌을 더 특별하게 표현하려고 미술관으로 갔어요. 그곳에서 햇살 좋은 날의 풍경을 점으로 일일이 찍어서 표현한 쇠라의 〈그랑드 자트 성의 일요일 오후〉라는 그림을 발견했어요. 모두 함께 감상해 보세요.

62

느낌을 표현하는 방법

그럼, 느낌을 나타내는 여러 가지 방법을 살펴볼까?

1. 눈, 코, 입, 귀, 손 등의 감각으로 느껴지는 느낌을 표현합니다.
2. 소리와 모양을 흉내 내는 말을 사용하여 표현합니다.
3. 색깔을 나타내는 말을 사용하여 표현합니다.

1. 다음 그림은 무슨 색과 무슨 색을 섞여 있는지 보기 와 같이 각각 써 보세요.

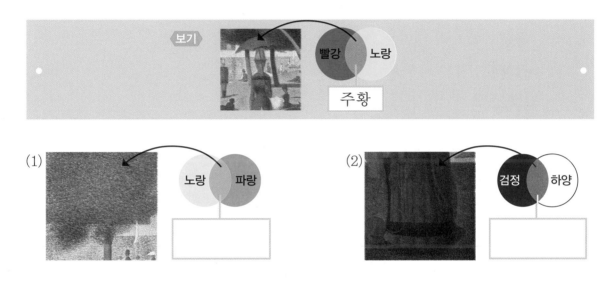

★ 색깔을 나타내는 말에 어떤 것이 있는지 생각하며 써 봅니다.

2. 보기 와 같이 색깔의 상태를 표현하는 다른 말을 써 보세요.

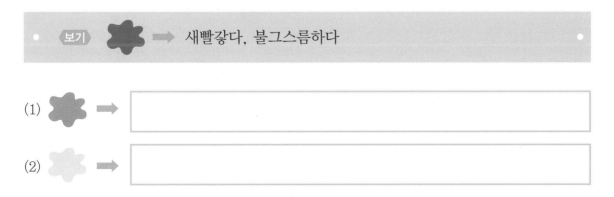

보기 🌟 ➡ 새빨갛다, 불그스름하다

(1) 🌟 ➡

(2) 🌟 ➡

★ '빨강, 파랑, 노랑'과 관련된 느낌을 나타내는 낱말을 찾아봅니다.

훈민이는 학교 가는 날 일어나기 힘들었어요. 그런데 이 느낌에 딱 맞는 〈학교 가기 싫은 날〉
이라는 동시를 발견했어요. 모두 함께 감상해 보세요.

학교 가기 싫은 날

학생 작품

쨍쨍 아침 해가 떴어요.
짹짹짹 참새가 인사해요.
살랑살랑 바람이 불어와요.
따르르릉 시계도 바쁘게 재촉해요.
"어서 일어나, 학교 가야지!"
하지만 나는 보들보들 이불 안에서
뒹굴뒹굴 뒹구르르.
학교 가기 싫은 날
나는 나는 게으른 달팽이

느낌을 실감나게 표현하기

느낌을 실감나게 표현하려면 이렇게 해 봐!

1. 느낌이나 색깔을 나타내는 낱말을 사용합니다.
2. 소리나 모양을 흉내 내는 낱말을 제대로 사용합니다.

1. 이 동시에 나온 느낌을 나타내는 낱말을 사용하여 짧은 글을 써 보세요.

(1) 햇볕은 (   )

(2) 참새가 (   )

(3) 바람이 (   )

(4) 시계가 (   )

(5) 이불이 (   )

(6) 어린이가 (   )

2.  는 작은 느낌, 큰 느낌을 나타내는 말들입니다. 보기 와 같이 다음에 알맞은 낱말을 써
보세요.

보기 보들보들 부들부들

(1) 방글방글 | |

(2) | 경중경중

(3) 반짝반짝 | |

(4) | 둥둥둥

1. 다음 색깔을 나타내는 낱말을 써 넣으세요.

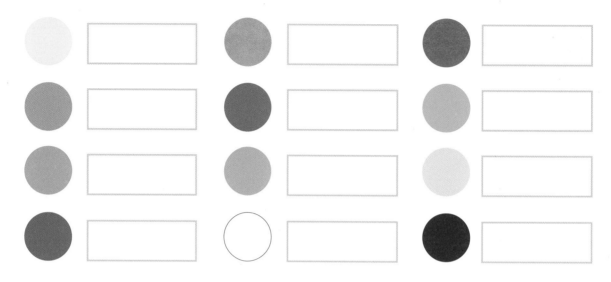

2. 다음 그림에 알맞은 느낌을 나타내는 말을 써 보세요.

(1)

(2)

(3)

(4)

(5)

(6)

★'눈, 코, 귀, 입, 손' 등과 관련한 느낌을 나타내는 말을 생각해 봅니다.

3. 1, 2와 같은 느낌을 나타내는 낱말을 넣어 '가을'을 주제로 동시를 써 보세요.

★ 동시를 쓸 때에는 중심 내용을 생각하여 제목을 정합니다. 그리고 행과 연을 나누고 느낌을 나타내는 말을 넣어 씁니다.

선생님 말씀

문 법	고유어 · 한자어 · 외래어의 특징, 우리말 보존 방법
제 재	간판(실용 자료), 〈월트 디즈니〉(위인 이야기)
글쓰기	아름다운 우리말이 들어간 동시 따라 쓰기
교과 연계	3학년 1학기 7단원, 6학년 1학기 6 단원

7주

순우리말만 우리말일까?

고유어, 한자어, 외래어

공부한 날: 월   일

훈민이와 정음이는 낱말 게임을 했어요. 이기는 사람이 아이스크림을 사 주기로 했지요. 큰 삼각형 안에 있는 세 개의 삼각형에 알맞은 낱말 카드를 넣어서 맞추는 게임이지요. '고유어, 한자어, 외래어'에 해당하는 낱말을 모두 찾아보세요.

고유어, 한자어, 외래어

허허, 녀석들! 우리말에는 옛날부터 우리 조상들이 사용해 온 말인 고유어뿐 아니라 한자를 바탕으로 만들어진 한자어, 외국에서 사용하는 말을 빌려 와서 우리말처럼 쓰는 외래어가 있단다. 우리말은 고유어가 바탕이 되고 다른 문화권의 영향을 받은 한자어와 외래어가 우리말처럼 쓰이면서 발전했단다.

 이 그림에서 각 삼각형에 해당하는 낱말을 찾아 써 넣으세요.

| △ (1) 고유어 | | △ (2) 한자어 | | △ (3) 외래어 | |

 다음 한자어의 뜻을 익히면서 따라 써 보세요.

學	校	親	舊	江	山
배울 학	학교 교	친할 친	오래 구	강 강	산 산

 다음 외래어를 우리말로 바꾸어 쓸 때 적당한 것에 ○표 하세요.

(1) 워터 파크
(① 물 광장, ② 물놀이 공원)

(2) 스크린 도어
(① 안전문, ② 안정망)

(3) 메신저
(① 전달자, ② 쪽지창)

정답 🏠 (1) 꽃, 하늘, 오이, 코끼리 (2) 강산, 친구, 공부, 학교 (3) 피자, 라디오, 컴퓨터, 스크린 도어, 메신저 🏠 생략 🏠 (1) ② (2) ① (3) ②   71

훈민이와 정음이는 아이스크림 가게가 있는 거리로 갔어요. 그런데 빽빽한 빌딩마다 외래어로 된 간판들만 가득했어요. 우리말을 어떻게 보존할지 생각하며 읽어 보세요.

우리말을 보존하는 방법

고유의 우리말을 어떻게 보존해야 하는지 살펴볼까?

1. 우리말에 우리의 정신과 문화가 담겨 있음을 알고 즐겨 사용합니다.

2. 무분별한 외래어 사용을 자제하고 우리말로 다듬어 써 봅니다.

3. 인터넷 등에서 축약어, 비속어, 맞춤법에 맞지 않은 낱말을 사용하지 않습니다.

1. 이 만화에 나온 다음 간판 이름을 우리말로 바꾸어 써 보세요.

(1)	영화관
(3)	찻집
(5)	빵집

| (2) | 예식장 |
| (4) | 미용실 |

★우리말로 바꾸어 쓸 수 있는 일부 외래어(외국어)는 다듬어 쓰려는 노력을 해야 합니다.

2. 보기 와 같이 우리 주변에서 잘못 쓰이고 있는 낱말을 찾아 고쳐 써 보세요.

| 보기 | 안뇽 ➡ 안녕 | 지못미 ➡ 지켜 주지 못해 미안해. |

(1) ⬜ ➡ ⬜

(2) ⬜ ➡ ⬜

★ 자신의 언어 생활을 반성하고 바른 우리말로 바꾸어 쓸 수 있는지 생각해 봅니다.

훈민이와 정음이는 어린이를 위한 만화 영화와 놀이공원을 만든 '월트 디즈니'의 이야기를 읽었어요. 이 글에 쓰인 고유어, 외래어, 한자어에 유의하며 읽어 보세요.

"어른들을 위한 놀이공원은 왜 없을까?"
디즈니는 어린이 놀이기구로 빼곡한 놀이공원을 보며 투덜거렸어요.
얼마 뒤 디즈니는 친구가 만든 장난감 기차를 타다가 무릎을 탁 쳤어요.
"그래. 그거야! 장난감 기차를 타고 갈 수 있는 스테이션, 폴리스 스테이션,
슈퍼마켓, 레스토랑, 커피숍, 스키장이 있는 작은 마을을 만드는 거야!"
그때부터 작은 마을에 맞는 토이와 움직이는 인형을 만들면서
그 모습을 하나하나 카메라에 담았어요.
"쯧쯧, 애니메이션의 황제가 이상해졌어!"
사람들은 원래 하던 일을 버리고 노는 것에만 몰두하는
디즈니를 비난했어요.
그래도 디즈니는 꿋꿋이 이야기가 있는 놀이공원을 만들어 갔어요.
1955년, 디즈니의 꿈과 노력이 담긴 놀이공원이 완성되고 문을 열었어요.
텔레비전을 통해 중계된 개막식에서 디즈니는 감격하며 말했어요.
"내가 만든 '디즈니랜드'에서는 나이를 잊을 수 있어요.
그리고 어린 시절을 되살릴 수 있습니다. 누구나 마음 놓고 즐기세요!"
어린이의 마음을 잃지 않은 디즈니의 노력으로 어린이와 어른이
모두 행복한 놀이동산이 탄생한 순간이었답니다.

＊월트 디즈니 : 미키마우스, 도널드 덕 등의 유명한 애니메이션을 만든 사람.

외래어를 우리말로 다듬어 쓰기

외래어를 우리말로 다듬어 쓸 때에는 이렇게 해 봐!

1. 외래어와 바꿔 쓸 수 있는 우리말이 있는지 사전에서 찾아봅니다.

2. 외래어와 바꿔 쓸 수 있는 우리말이 없다면 비슷한 말이 무엇인지 생각해 봅니다.

1. 다음은 우리말로 바꿔 쓸 수 있는 외래어입니다. 보기 에서 골라서 바꾸어 써 보세요.

> 보기   역 / 공항 / 경찰서 / 소방서 / 장난감 / 망치 / 만화 영화 / 기록 영화

(1) 애니메이션 ➡ [   ]

(2) 스테이션 ➡ [   ]

(3) 폴리스 스테이션 ➡ [   ]

(4) 토이 ➡ [   ]

★ 외래어 (외국어)를 우리말로 다듬는 활동입니다. 같은 뜻을 가진 우리말이 없어서 우리말처럼 쓰이는 말을 외래어라고 하고, 같은 뜻을 가진 우리말이 있는 말을 외국어라고 합니다.

2. 다음 한자어에 해당하는 뜻을 찾아 줄로 이어 보세요.

(1) 유명 •

(2) 비난 •

(3) 몰두 •

(4) 감격 •

(5) 탄생 •

① 어떤 일에 온 정신을 다 기울여 열중함.

② 사람이 태어남.

③ 이름이 널리 알려져 있음.

④ 남의 잘못이나 결점을 책잡아서 나쁘게 말함.

⑤ 마음에 깊이 느끼어 크게 감동함.

1. 다음 표에 있는 우리말을 고유어, 한자어, 외래어로 구분하여 고유어는 '고', 한자어는 '한', 외래어는 '외'로 나타내어 보세요.

그림	취미	스타	꿈	직업
고	한	외		
삶	고추	렌즈	아파트	노래
바람	상어	편지	헬스	박스
고기	스커트	옥수수	미소	뉴욕

★고유어는 옛날부터 우리 조상들이 사용해 온 말을, 한자어는 한자를 바탕으로 만들어진 말을, 외래어는 외국에서 사용하는 말을 빌려 와서 우리말처럼 쓰는 말을 말합니다.

2. 다음 설명에 해당하는 낱말을 보기 에서 찾아 써 보세요.

보기 만두 / 송편 / 빵 / 담배 / 미리내 / 시나브로

(1) 밀가루를 반죽하여 소를 넣어 빚은 음식으로 한자어입니다.

(2) 포르투갈 어 '팡'에서 유래된 말로 외래어입니다.

(3) '은하수'라는 뜻을 가진 고유어입니다.

★각 낱말의 유래를 통해 우리말, 한자어, 외래어의 의미를 알아봅니다.

3. 다음은 김소월의 〈엄마야 누나야〉라는 동시입니다. 우리말의 아름다움을 느끼면서 동시를 따라 써 보세요.

	엄	마	야		누	나	야		강	변		살	자	.
	뜰	에	는		반	짝	이	는		금	모	래	빛	,
	뒷	문		밖	에	는		갈	잎	의		노	래	
	엄	마	야		누	나	야		강	변		살	자	.

	엄	마	야		누	나	야		강	변		살	자	.
	뜰	에	는		반	짝	이	는		금	모	래	빛	,
	뒷	문		밖	에	는		갈	잎	의		노	래	
	엄	마	야		누	나	야		강	변		살	자	.

★ 우리말의 아름다움을 느끼면서 한 자 한 자 정성껏 써 봅니다.

선생님 말씀

8주

글자가 같으면 다 같은 뜻일까?

동형어와 다의어

공부한 날: 월   일

정음이가 훈민이에게 수수께끼를 냈어요. 이 수수께끼는 글자는 같지만 뜻이 다른 낱말과 여러 가지 뜻으로 쓰이는 낱말과 관련이 있어요. 모두 함께 풀어 보세요.

눈은 눈인데 앞을 볼 수 없는 눈은? 함박눈

금은 금인데 팔 수 없는 금은? 손금

다리는 다리인데 귀에 걸치는 다리는? 안경다리

병은 병인데 못 고치는 병은? 빈 병

나무를 파고 들어가 밥을 만드는 것은? 톱밥

귀에 실을 걸치고 일하는 것은? 바늘귀

어, 그런 것 같기도 하고 아닌 것 같기도 한데!

동형어와 다의어를 알아야지. 메롱!

동형어와 다의어

우리말에는 글자는 같지만 뜻이 다른 낱말(동형어)과, 한 낱말이 원래의 뜻 외에 여러 가지 뜻으로 쓰이는 낱말(다의어)이 있단다.
예를 들어, 동형어인 '배'는 과일의 한 종류, 신체의 한 부분, 선박 등의 전혀 다른 뜻으로 각각 쓰인단다. 그리고 다의어인 '다리'는 원래 신체의 일부분을 가리키지만, '책상다리', '안경다리'처럼 '물건의 하체 부분'을 가리키기도 해!

 다음 설명에 알맞은 그림을 골라 보기 와 같이 ○표 하세요.

보기

접거나 긋거나 한 자국

① 금   ② 금

(1) 대기 중의 수증기가 찬 기운을 만나 얼어서 땅 위로 떨어지는 얼음의 결정체

① 눈   ② 눈

(2) 사람이나 동물의 몸통 아래 붙어 있는 신체의 부분

① 다리   ② 다리

(3) 주로 액체나 가루를 담는 데에 쓰는 목과 아가리가 좁은 그릇

① 병   ② 병

(4) 바퀴가 굴러서 나아가며 사람이나 짐을 실어 옮기는 기관

① 차   ② 차

(5) 해가 져서 어두워진 때부터 다음 날 해가 떠서 밝아지기 전까지의 동안

① 밤   ② 밤

훈민이는 동형어와 다의어를 공부하기 시작했어요. 그 모습에 정음이도 깜짝 놀랐지요. 훈민이는 과연 국어의 달인이 될 수 있을까요?

동형어와 다의어 구별하는 방법

동형어와 다의어를 이렇게 구별해 봐!

1. 동형어는 글자는 같지만 뜻이 서로 다른 낱말들입니다.

2. 다의어는 원래의 뜻이 여러 가지 뜻으로 퍼져서 서로 관계가 있는 낱말들입니다.

1. 보기 와 같이 그림과 관련 있는 동형어를 써 넣으세요.

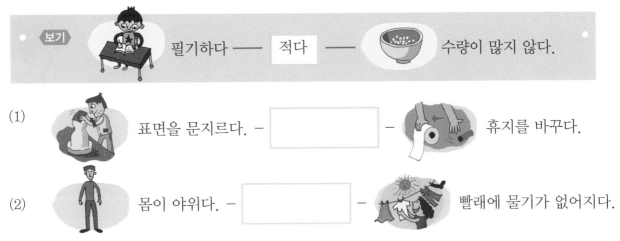

보기   필기하다 —— 적다 —— 수량이 많지 않다.

(1) 표면을 문지르다. – [   ] – 휴지를 바꾸다.

(2) 몸이 야위다. – [   ] – 빨래에 물기가 없어지다.

★ 동형어는 낱말과 낱말 사이에 관련이 없습니다.

2. 다음 문장에 공통적으로 들어간 다의어를 빈칸에 써 넣으세요.

(1)

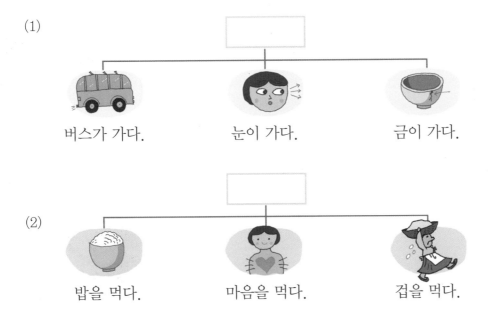

[   ]

버스가 가다.   눈이 가다.   금이 가다.

(2)

[   ]

밥을 먹다.   마음을 먹다.   겁을 먹다.

★ 다의어는 한 낱말이 원래의 뜻 이외에 여러 가지 뜻으로 쓰이는 말입니다.

훈민이는 바닷물이 짠 이유를 알려주는 〈신기한 맷돌〉이라는 옛이야기를 읽었어요. 동형어와
다의어를 생각하면서 읽어 보세요.

옛날 어느 임금님이 신기한 맷돌을 가지고 있었어요.

"금 나와라 와라 뚝딱! 은 나와라 와라 뚝딱!"

이 맷돌은 누구나 원하는 것을 말하면 쏟아 나오게 하는
신기한 능력이 있었지요.

이 소문이 온 나라 안으로 퍼지자, 욕심쟁이 도둑이 밤을 틈타
궁궐로 몰래 숨어 들었어요.

그리고 신기한 맷돌을 훔쳐서 도망쳤어요.

도둑은 바다로 가서 배를 타고 열심히 노를 저어 갔어요.

"휴, 이제 아무도 쫓아오지 못하겠지? 이제 소원을 말해야지!"

도둑은 신기한 맷돌에 무엇부터 달라고 할지 고민을 했어요.

"금을 달라고 할까? 세상에서 가장 귀한 것을 달라고 해야 되는데……"

"맞아, 금보다 더 귀한 소금을 달라고 해야지!"

그 당시는 소금을 구하기 몹시 어려웠던 시대였거든요.

"맷돌아, 소금을 내 주거라, 뚝딱!"

도둑의 말대로 맷돌에서 소금이 와르르르 쏟아져 나왔어요.

"야호, 이제 난 부자다! 이제 배 불리 먹을 수 있다!"

도둑은 너무 좋아서 덩실덩실 춤을 추었지요.

그런데 맷돌에서 소금이 멈추지 않고 쏟아져 나오자
배가 기우뚱 하더니 가라앉기 시작했어요.

도둑은 맷돌과 함께 바다 밑으로 빠져들고 말았지요.

그때부터 사람들은 바닷물이 짠 까닭이 신기한 맷돌이
바다 밑에서 소금을 계속 쏟아 내기 때문이라고 생각했답니다.

동형어와 다의어를 문맥에 맞게 쓰기

동형어와 다의어로 글을 쓸 때에 이렇게 해 봐!
1. 동형어와 다의어가 이야기의 흐름에 알맞은지 확인합니다.
2. 동형어와 다의어와 함께 쓰는 낱말들을 알아봅니다.

1. 이 글에 나온 다음 낱말의 뜻에 알맞은 그림을 찾아 보기와 같이 ○표 하세요.

보기 금 나와라 와라 뚝딱!
① ②

(1) 밤을 틈타 궁궐로 몰래
숨어 들어갔어요.
① ②

(2) 도둑은 바다로 가서 배를 타고
열심히 노를 저어 갔어요.
① ②

(3) 이제 배 불리 먹을 수 있다!
① ②

★ 동형어를 구별하는 활동입니다. 문장의 흐름을 보고 알맞은 뜻을 찾아봅니다.

1. 다음의 뜻을 가진 낱말을 보기 에서 찾아 써 넣으세요.

보기 밤 / 말 / 발 / 벌 / 병 / 굴 / 눈 / 가지 / 사과 / 다리

사람의 생각을 전달하는 음성 기호	(1)	사람을 태우고 잘 달리는 동물	
나무나 풀의 원래 줄기에서 뻗어 나온 줄기	(2)	나물을 해 먹는 보라색 채소	
사람이나 동물의 다리 맨 끝 부분	(3)	가늘고 긴 대를 엮어 늘어뜨린 물건	
사과나무의 열매로 빨갛거나 노란 과일	(4)	자기의 잘못을 인정하고 용서를 빎.	
사람이나 동물의 몸통 아래 붙어 있는 신체의 부분	(5)	물을 건너다닐 수 있도록 만든 시설물	
잘못하거나 죄를 지은 사람에게 주는 고통	(6)	벌목의 곤충 가운데 개미류를 제외한 곤충을 통틀어 이르는 말	
해가 져서 어두어진 때부터 밝아지기 전까지의 동안	(7)	가시가 많이 난 송이에 싸여 있는 열매	
굴과의 연체동물을 통틀어 이르는 말	(8)	자연적으로 땅이나 바위가 안으로 깊숙이 패어 들어간 곳	
물체를 볼 수 있는 감각 기관	(9)	대기 중의 수증기가 얼어서 떨어지는 얼음의 결정체	
생물에 이상이 생겨 괴로움을 느끼는 것	(10)	주로 액체나 가루를 담는 데에 쓰는 목과 아가리가 좁은 그릇	

2. 다음 글자는 같지만 뜻이 다른 낱말들을 모두 넣어서 보기 와 같이 짧은 글을 지어 보세요.

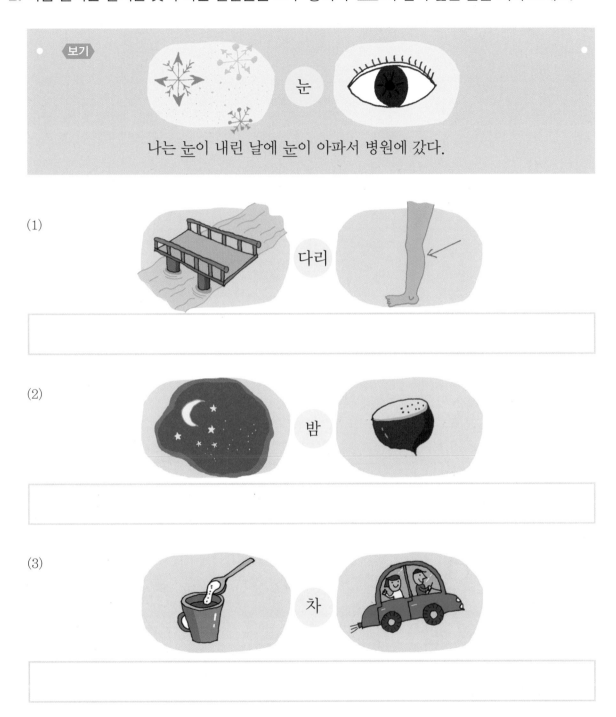

보기

눈

나는 <u>눈</u>이 내린 날에 <u>눈</u>이 아파서 병원에 갔다.

(1) 다리

(2) 밤

(3) 차

★동형어를 넣어 짧은 글짓기를 할 때에는 내용이 자연스럽게 연결되도록 씁니다.

선생님 말씀

문 법	낱말의 종류와 활용
제 재	〈앞으로 앞으로〉(동요), 〈김정호〉(위인 이야기)
글쓰기	낱말의 활용을 생각하며 초대하는 글 쓰기
교과 연계	4학년 1학기 8단원

9주

낱말의 여러 모습을 찾아라!

낱말의 종류와 활용

공부한 날:　　　월　　　일

맞춤법이 너무해!

훈민이와 정음이는 끝말 잇기와 첫말 잇기 놀이를 했어요. 그런데 잇기 놀이를 하다가 서로 다투게 되었어요. 왜 그랬는지 함께 살펴보세요.

〈이름을 나타내는 말로 끝말 잇기〉

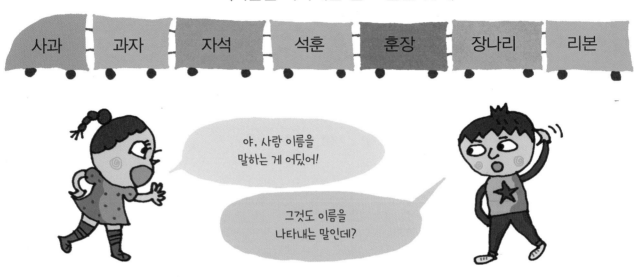

〈움직임, 성질이나 상태를 나타내는 말로 첫말 잇기〉

90

낱말의 종류와 활용

낱말에는 '사물이나 사람의 이름을 나타내는 말, 움직임을 나타내는 말, 성질이나 상태는 나타내는 말, 가리키는 말, 수를 나타내는 말, 꾸며 주는 말, 문법적인 도움을 주는 말, 부름이나 느낌을 나타내는 말' 등이 있어.
그 중에서 움직임을 나타내는 말, 성질이나 상태를 나타내는 말 등이 문장에서 쓰일 때에는 기본형에서 낱말의 모양이 바뀌기도 한단다.

 《보기》와 같이 다음 낱말이 사물의 이름을 나타내는 말이면 '사물'에, 사람의 이름을 나타내는 말이면 '사람'에 O표 해 보세요.

보기

자석(⬭사물⬭, 사람) – 석훈(사물, ⬭사람⬭) – 훈장(사물, ⬭사람⬭) – 장나리(사물, ⬭사람⬭)

| 엄마
(사물, 사람) | 마부
(사물, 사람) | 부산
(사물, 사람) | 산골
(사물, 사람) | 골격
(사물, 사람) |

★ 이름을 나타내는 말에는 사람과 사물을 나타내는 말로 나눌 수 있습니다. 사람을 나타내는 말에는 '훈장'과 같이 일반적인 직업 등을 나타내는 말이 있고, '석훈', '장나리'와 같이 개별적인 사람을 나타내는 말이 있습니다. 보통은 일반적인 이름을 나타내는 말로 끝말잇기를 합니다.

 다음 낱말을 《보기》와 같이 형태에 맞게 써 보세요.

보기

가다 – 가(는) – 가(고) – 가(니) – 가(서) – 갔(습니다)

(1) 읽다 – 읽(   ) – 읽(   ) – 읽(   ) – 읽(   ) – 읽(   )

(2) 보다 – 보(   ) – 보(   ) – 보(   ) – 보(   ) – 보(   )

(3) 예쁘다 – 예(   ) – 예(   ) – 예(   ) – 예(   ) – 예(   )

(4) 높다 – 높(   ) – 높(   ) – 높(   ) – 높(   ) – 높(   )

★ 움직임을 나타내는 말과 성질이나 상태를 나타내는 말은 주로 문장에서 서술어로 쓰이면서 기본형에서 변화된 형태로 쓰입니다.

정답 ☆ 사람, 사람, 사물, 사물, 사물   ☆ 각자 해 봅니다.

훈민이는 온 세상 어린이를 만나고 싶은 마음을 담은 윤석중의 〈앞으로 앞으로〉라는 노래를
불러 보았어요. 그런데 이 노랫말에는 움직임을 나타내는 말과 성질과 상태를 나타내는 말이
많이 들어 있었어요. 어떤 것이 있는지 함께 살펴보세요.

동사와 형용사를 구별하는 방법

움직임을 나타내는 말(동사)이나 성질이나 상태를 나타내는 말(형용사)을 구별하는 방법은 여러 가지가 있어!

1. '-는/ㄴ다.'를 넣어서 말이 되면 동사입니다.
2. '-아라./-어라.'를 넣어서 말이 되면 동사입니다.

---

1. 다음 밑줄 친 말이 움직임을 나타내는 말이면 ○표, 성질이나 상태를 나타내는 말이면 ☆표를 해 보세요.

> 지구는 <u>둥그니까</u> 자꾸 <u>걸어</u> <u>나가면</u>
>
> 온 세상 어린이를 다 <u>만나고</u> <u>오겠네</u>
>
> 온 세상 어린이가 하하하하 <u>웃으면</u>
>
> 그 소리 <u>들리겠네</u>

★ 움직임을 나타내는 말(동사)과 성질이나 상태를 나타내는 말(형용사)은 문장에서 서술어로 쓰이면서 기본형에서 변화된 형태로 쓰입니다. '-는/ㄴ다', '-아라/-어라'를 넣어서 말이 되면 동사입니다.

---

2. 다음 낱말의 기본형을 보기와 같이 써 보세요.

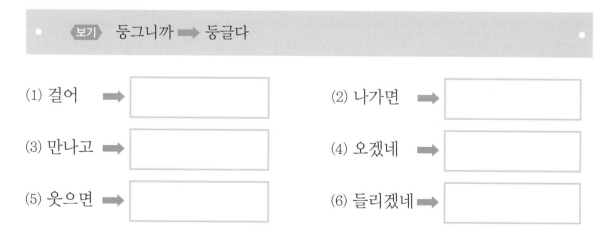

> **보기** 둥그니까 ➡ 둥글다

(1) 걸어 ➡
(2) 나가면 ➡
(3) 만나고 ➡
(4) 오겠네 ➡
(5) 웃으면 ➡
(6) 들리겠네 ➡

★ 움직임을 나타내는 말과 성질이나 상태를 나타내는 말은 기본형이 쓰임에 따라 모양이 바뀌어 나타납니다. 변하지 않는 부분에 '-다'를 붙여서 기본형을 만들어 봅니다.

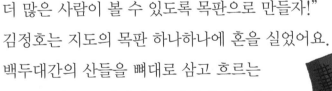

훈민이는 우리나라 최초의 현대적 지도인 〈대동여지도〉를 만든 '김정호' 이야기를 읽었어요. 전국 방방곡곡을 발로 걸으며 지도를 만든 김정호의 이야기에서 움직임을 나타내는 말과 성질이나 상태를 나타내는 말을 찾으면서 읽어 보세요.

'이 길의 끝은 어디로 이어질까?'

시골 소년 김정호는 세상이 얼마나 넓고 큰지 지도로 그려 보고 싶었어요.

김정호는 한양으로 올라와 수많은 지도책을 보고 또 보았어요. 이전의 지도에서

잘못된 부분은 고치고 빠진 부분은 새로 그려 넣었지요.

거리를 정확하게 기록하기 위해 바둑판 모양에 산과 강, 성과 절 등을 빠짐없이 그렸지요.

김정호는 마침내 자신의 첫 번째 우리나라 지도인 〈청구도〉를 완성하였어요.

사람들은 저마다 김정호의 지도를 칭찬했지만 김정호는 만족하지 않았어요.

"음, 무언가 부족해! 한반도가 한눈에 보이는 완벽한 지도를 만들 거야."

그때부터 김정호는 전국을 수없이 돌아다니면서 땅의 그림을 그리는가 하면

각 고을의 역사와 문화들을 적은 지리책도 계속 써 나갔어요.

"거리를 측정할 때 경도와 위도를 사용하면 더 정확하겠어!"

김정호는 이십삼 년 만에 두 번째 지도인 〈동여도〉를 완성했어요.

백두대간이 선명하게 드러난 간단하면서도 세밀한 지도였지요.

그러는 사이에 김정호는 어느새 백발이 성성해졌어요.

"나의 마지막 지도는 우리나라가 한눈에 보이는 지도여야 해!

더 많은 사람이 볼 수 있도록 목판으로 만들자!"

김정호는 지도의 목판 하나하나에 혼을 실었어요.

백두대간의 산들을 뼈대로 삼고 흐르는

강들을 핏줄로 삼았지요. 마침내 김정호는

한반도가 한눈에 쏙 들어오는 지도인

〈대동여지도〉를 완성하였어요.

용언의 활용을 생각하며 글 쓰기

용언의 활용을 알면 문장에서 낱말을 잘 사용할 수 있어!

1. 낱말이 있어야 할 알맞은 자리에 있는지 살펴봅니다.

2. 문장에서 동사와 형용사가 알맞은 모양으로 바뀌었는지 살펴봅니다.

1. 다음 밑줄친 말이 이름을 나타내는 말(명사)이면 '명', 움직임을 나타내는 말이면 '동', 성질이나 상태를 나타내는 말이면 '형'이라고 써 보세요.

시골 <u>소년</u> ☐ <u>김정호</u> ☐ 는 세상이 얼마나 <u>넓고</u> ☐ <u>큰지</u> ☐ 지도로

<u>그려</u> ☐ 보고 싶었어요.

김정호는 한양으로 <u>올라와</u> ☐ 수많은 지도책을 <u>보고</u> ☐ 또 보았어요.

이전의 지도에서 잘못된 부분은 <u>고치고</u> ☐ 빠진 부분은 새로 넣었어요.

★ 이름을 나타내는 말을 찾을 때에는 사람이나 사물인지 살펴보고, 움직임이나 성질, 상태를 나타내는 말을 찾을 때에는 문장에서 형태가 어떻게 바뀌었는지 살펴봅니다.

2. 다음은 움직임이나 성질, 상태를 나타내는 말의 기본형입니다. 보기 와 같이 낱말의 모양을 알맞게 바꾸어 짧은 글짓기를 해 보세요.

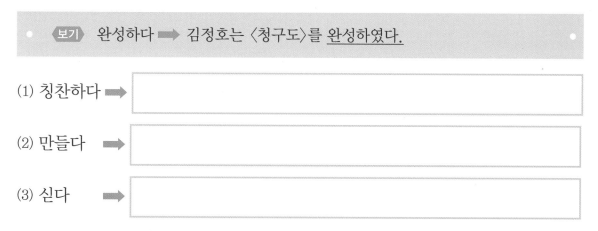

보기 완성하다 ➡ 김정호는 〈청구도〉를 <u>완성하였다.</u>

(1) 칭찬하다 ➡

(2) 만들다 ➡

(3) 신다 ➡

★ 움직임이나 성질, 상태를 나타내는 말을 문장에서 쓸 때에 기본형에서 모양을 바꾸어 쓸 수 있습니다.

1. 다음은 정음이가 생일 파티에 친구들을 초대하기 위해 쓴 글입니다. 잘 읽고 물음에 답하세요.

> **초대합니다**
>
> 내 생일 파티에 초대합니다.
> 내 생일을 축하해 주고 싶은 친구들은 꼭 와 주면 좋겠습니다.
> 파티에 대한 내용은 아래에 있습니다.
>
> ☐ : 2017년 12월 25일
> ☐ : 오후 4시 30분까지
> ☐ : 하우스토리 아파트 101동 104호
>
> ㅡ정음이가

(1) 누가 친구들을 초대한 글입니까?

(2) 빈칸에 들어갈 '이름을 나타내는 말'을 순서대로 써 보세요.

(3) 글쓴이가 초대장을 쓴 마음이 무엇인지 '움직임이나 상태를 나타내는 말'을 넣어 한 문장으로 써 보세요.

(4) 이 초대장에 없는 내용을 더 추가한다면 어떤 것이 있을지 써 보세요.

★초대장은 날짜, 시간, 장소가 표시되어야 합니다. 그리고 초대하는 마음을 담은 문장을 잘 써야 합니다.

2. 1의 내용을 바탕으로 하여 내 생일에 친구들을 초대하는 글을 써 보세요.

초대합니다

★친구들에게 이야기하듯이 자연스럽게 생일 초대의 글을 쓰되, 맞춤법에 맞게 씁니다. 생일에 초대하는 진실한 마음과 정확한 날짜, 시간,
장소를 씁니다.

선생님 말씀

10주

비켜, 내 자리야!

문장 만들기

공부한 날:　　월　　일

훈민이는 화가 고흐가 자신의 방을 그린 〈고흐의 방〉이라는 그림을 보고 똑같이 따라 그렸어요. 그런데 왠지 그 느낌이 나지 않았지요. 왜 그랬을지 생각해 보세요.

〈훈민이가 따라 그린 그림〉

〈고흐의 방〉

정말 똑같지 않니?

네 그림은 먼가 어색해! 침대, 탁자, 의자, 창문, 거울을 잘 봐.

문장 만들기

하나의 문장은 여러 가지 낱말이 모여 만들어져! 낱말이 문장 속에서 어울리는 자리에 있어야 읽는 이가 무슨 뜻인지 쉽게 알 수 있단다.
〈고흐의 방〉은 침대, 의자, 탁자, 창문, 거울 들이 알맞은 위치에 있어서 좋은 구도를 갖춘 그림이 되었어. 문장도 '누가', '무엇을', '어찌하다, 어떠하다.' 등의 성격을 가진 여러 낱말들이 어울리는 자리에 있어야 올바른 문장이 된단다.

 두 그림에서 달라진 부분에 ○표 하고, 다음 문장에 알맞은 낱말을 골라 ○표 하세요.

(1) 침대가 (좁다 / 달리다).　　(2) 의자가 (푹신하다 / 좋아하다).

(3) 탁자가 (동그랗다 / 울다).　　(4) 창문이 (슬프다 / 열리다).

(5) 거울이 (빛나다 / 화나다).

★ '어찌하다, 어떠하다'에 해당하는 낱말을 찾는 활동입니다. 사물이 주어가 되는 문장에는 주로 '어떠하다'에 해당하는 낱말을 쓰지만, 일부는 '어찌하다'에 해당하는 낱말도 쓰입니다.

 다음 문장에 알맞은 말에 ○표 하세요.

(1) 고흐가 침대에서 (잠을 / 잠이) 잔다.

(2) 고흐가 의자에서 (그림을 / 그림이) 그린다.

(3) 고흐가 탁자에서 (물을 / 물이) 마신다.

(4) 고흐가 창문가에서 (바람을 / 바람이) 쐰다.

(5) 고흐가 거울로 (얼굴을 / 얼굴이) 본다.

★ '무엇을'에 해당하는 낱말을 찾아봅니다.

정답 ★ (1) 좁다 (2) 푹신하다 (3) 동그랗다 (4) 열리다 (5) 빛나다　★ (1) 잠을 (2) 그림을 (3) 물을 (4) 바람을 (5) 얼굴을 훈민이는 김홍도의 〈씨름〉이라는 그림을 가지고 왔어요. 이 그림 속에 등장하는 사람들의 모습을 유심히 관찰하면서 재미있는 놀이를 생각해 냈지요. 함께 즐겨 보세요.

문장의 순서에 맞게 낱말을 넣는 방법

문장에 알맞은 자리에 낱말을 잘 넣으려면 이렇게 해 봐!

1. 낱말이 문장 속에서 어울리는 자리에 있는지 살펴봅니다.
2. 똑같은 자리에 들어갈 다른 말이 무엇이 있는지 살펴봅니다.

---

1. 이 그림에서 다음 문장의 밑줄 친 자리에 어울리지 않는 것에 보기 와 같이 ×표 하세요.

> 보기 두 선수가 씨름을 한다. (관객들을, 총각들이, 남자들이, 어른들이)
> (누가)

(1) 사람들이 씨름을 구경한다. (양반들이, 상인들이, 젊은이들이, 엿장수를)
   (누가)

(2) 엿장수가 엿을 판다. (본다, 잡다, 슬픈, 센다)
   (어찌하다)

★ '누가', '어찌하다'에 해당하는 낱말이 아닌 것을 찾아봅니다.

---

2. 이 그림을 보고 보기 와 같이 낱말을 자세하게 꾸며 주는 낱말을 만들어 보세요.

> 보기 머리가 긴 (사람이) 씨름을 구경한다.
> (어떤)

(1) _____ (사람이) 씨름을 구경한다.
   (어떤)

(2) _____ (사람이) 씨름을 구경한다.
   (어떤)

(3) _____ (사람이) 씨름을 구경한다.
   (어떤)

(4) _____ (사람이) 씨름을 구경한다.
   (어떤)

★ 그림 속 사람들을 보고 '사람'을 자세하게 꾸며 주는 말을 써 봅니다.

훈민이는 비둘기에게 은혜를 입은 개미가 은혜를 갚는다는 내용의 〈비둘기와 개미〉를 읽었어요. 문장의 순서를 생각하면서 읽어 보세요.

어느 날, 목마른 개미 한 마리가 연못에서 물을 먹고 있었어요.

"냠냠, 물맛이 꿀맛이네!"

개미는 정신없이 물을 먹다가 실수로 연못에 풍당 빠지고 말았어요.

"어푸어푸, 개, 개미 살려!"

바로 그때 지나가던 비둘기가 허우적대는 개미를 보았어요.

"어머, 이를 어째! 개미 님, 이거라도 쓰세요!"

비둘기가 입에 물고 있던 나뭇잎을 떨어 뜨려 주었어요.

개미는 나뭇잎 위에 올라와서 겨우 목숨을 건졌지요.

"비둘기 님, 정말 고맙습니다."

며칠 뒤 나쁜 사냥꾼이 살금살금 숲 속에서 사냥감을 찾았어요.

그러다가 나뭇가지에서 졸고 있는 비둘기를 발견했지요.

"음, 이게 웬 떡이냐!"

사냥꾼은 입맛을 다시며 비둘기를 향해 총을 겨누었지요.

"어, 비둘기 님이 큰일 났네!"

마침 그곳을 지나던 개미가 이 모습을 보았어요.

개미는 꾀를 내어 사냥꾼의 발을 꽉 물었어요.

사냥꾼은 '아얏' 하며 발밑을 내려다보았어요.

이 소리에 놀란 비둘기가 푸드덕 날아올랐어요.

비둘기는 그제야 개미가 자신을 도운 것을 알았지요.

"착한 개미 님, 고마워요!"

비둘기는 고맙다는 날갯짓을 하며 하늘 높이
날아갔답니다.

순서에 맞게 문장 만들기

문장을 순서에 맞게 만들 때에는 이렇게 해 봐!

1. '누가+(무엇을)+어찌하다(어떠하다).'의 순서로 씁니다.
2. 낱말을 꾸며 주는 말을 적절히 넣어 씁니다.

1. 다음 그림을 보고 문장에 어울리는 낱말을 써 넣으세요.

(1) (   ) 연못에 빠지다.   (2) (   ) 잠을 자다.

★ 그림을 보고 '누가'에 해당하는 낱말을 찾아 써 넣으세요.

2. 다음 그림을 보고 문장에 어울리는 낱말에 ○표 하세요.

(1) 개미가 (물이, 물을) 먹다.   (2) 사냥꾼이 (총이, 총을) 겨누다.

★ 그림을 보고 '무엇을'에 해당하는 낱말을 찾아 써 넣으세요.

3. 다음 문장에 어울리는 낱말을 보기 와 같이 써 보세요.

> 보기 개미가 물을 찾다. ➡ (목마른) 개미가 물을 찾다.

(1) 개미가 사냥꾼을 물다. ➡ (   ) 개미가 사냥꾼을 물다.

(2) 사냥꾼이 비둘기를 보다. ➡ (   ) 사냥꾼이 비둘기를 보다.

★ '누가'를 꾸며 주는 말을 찾아 써 봅니다.

잡았다! 글쓰기

1. 다음 글은 〈흥부와 놀부〉 이야기입니다. 다음에 맞게 문장을 만들어 보세요.

> 옛날에 흥부와 놀부 형제가 살았어요.
>
> 욕심쟁이 형 놀부는 착한 동생 흥부를 내쫓았어요. 어느 날 흥부는 제비 한 마리가 다리를 다친 채 마당에 떨어져 있는 것을 보았어요. 흥부는 제비를 정성껏 치료해서 날려 보내 주었어요.
>
> 그 이듬해 돌아온 제비는 박씨 하나를 흥부에게 물어다 주었어요. 흥부는 박씨를 정성껏 심고 키워서 가을에 수확했어요. 그러자 박 속에서 금은보화가 쏟아지고, 흥부는 하루아침에 큰 부자가 되었어요.
>
> 한편 이 소식을 들은 놀부는 일부러 제비 다리를 부러뜨린 뒤 치료해 주는 척했어요. 그 결과, 놀부는 벌을 받아 집과 재산을 모두 잃은 가난뱅이가 되었어요.

(1) '누구'와 '누구'가 살았습니까?

➡ 욕심쟁이 형 (   )와 착한 동생 (   )가 살았다.

(2) 흥부가 '무엇을' 하였습니까?

➡ 흥부가 다리를 다친 (   ) 치료해 주었다.

(3) 흥부는 제비가 물어다 준 박씨를 '어찌 하였습니까?'

➡ 흥부는 제비가 물어다 준 박씨를 (   ),(   ),(   ).

(4) 흥부와 놀부는 각각 '어떤' 사람이 되었습니까?

➡ 흥부는 (   ) 부자가 되고, 놀부는 (   ) 가난뱅이가 되었다.

★ '무엇이'에 나타내는 말에는 '이/가', '은/는'이 붙고, '어떠하다, 어찌하다'를 나타내는 말에는 '다'가 있습니다. 그리고 '무엇을'을 나타내는 말에는 '을/를'이 붙고, 꾸며 주는 말에는 '-ㄴ' 등이 붙습니다.

2. 1을 참고하여 〈흥부와 놀부〉의 줄거리를 써 보세요.

★1에서 만든 문장을 바탕으로 하여 문장을 만들고, 이어 주는 말을 넣어 문장을 연결해 봅니다.

선생님 말씀

11주

나는 누구일까요?

문장의 종류

공부한 날: 월 일

훈민이와 정음이는 낱말 퍼즐 게임을 했어요. 문장의 종류와 문장 부호와 관련된 문제로 구성된 낱말 퍼즐이었지요. 가로와 세로 열쇠를 풀어서 알맞은 답을 써 보세요.

①		②		
		③		
			⑤	
④				
		⑥		

가로 열쇠

① 말하는 이가 자기의 생각을 평범하게 말하는 문장으로, '설명하는 문장'이라고도 합니다. 예 나는 공부를 한다.

③ 어떤 일이 이루어지거나 일어나는 곳으로, 이것에 따라 사건이 달라집니다.

④ 문장 부호의 하나로, '( )'의 이름입니다. 주로 보충하는 내용을 덧붙일 때 씁니다.

⑥ 문장 부호의 하나로, ' , '의 이름입니다. 주로 여러 말을 늘어놓을 때나 부르는 말의 뒤에 씁니다.

세로 열쇠

① 사물의 가치나 수준 등을 말합니다.

② 글의 뜻을 효과적으로 표현하고 문장의 이해에 오해가 없도록 하기 위해 사용되는 부호이다.

④ '따르릉, 펄럭펄럭' 등은 □□나 모양을 흉내 내는 말입니다.

⑤ 무엇인가를 묻는 문장(의문문)의 끝에 쓰는 문장 부호로, '?'의 이름입니다. 예 도서관이 어디에 있니?

정답 ♣ [가로] ① 평서문 ③ 장소 ④ 소괄호 ⑥ 쉼표 [세로] ① 평가 ② 문장부호 ④ 소리 ⑤ 물음표

문장의 종류

문장은 끝맺음에 따라 설명하는 문장(평서문), 느낌을 표현하는 문장(감탄문), 무엇인가를 묻는 문장(의문문), 무엇을 하도록 시키는 문장(명령문), 함께 하기를 요청하는 문장(청유문)으로 나뉘어!
문장을 끝맺을 때에는 문장 부호를 쓰는데, 문장 부호는 문장을 읽고 알아보기 쉽게 하기 위해 쓰는 부호들이야. 마침표(.), 느낌표(!), 물음표(?), 쉼표(,) 등이 있어!

 다음 문장의 종류에 알맞은 것을 찾아 줄로 이으세요.

(1) 설명하는 문장 (평서문) ●	● ① 나는 집에 간다□ ●	● ㉠ 마침표(.)
(2) 느낌을 표현하는 문장(감탄문) ●	● ② 강당이 어디예요□ ●	
(3) 무엇인가를 묻는 문장(의문문) ●	● ③ 꽃이 아름답구나□ ●	● ㉡ 느낌표(!)
(4) 무엇을 하도록 시키는 문장(명령문) ●	● ④ 줄넘기를 합시다□ ●	
(5) 함께 하기를 요청하는 문장(청유문) ●	● ⑤ 문 좀 닫아 줘□ ●	● ㉢ 물음표(?)

 다음 문장을 제시한 문장으로 알맞게 바꾸어 써 보세요.

(1) 노래를 부르다. ——청유문→ 노래를 [   ] .

(2) 밥을 먹다. ——명령문→ 밥을 [   ] .

훈민이가 혼자 놀다가 여러 친구들이 지나가는 모습을 보았어요. 훈민이는 친구들과 편을 나누어 〈우리 집에 왜 왔니?〉라는 놀이를 하고 싶었지요. 함께 즐겨 보세요.

문장의 종류에 맞게 끝맺는 방법

문장을 끝맺을 때에 주로 사용하는 말들을 알면 좋단다.

1. 설명하는 문장에 사용하는 말: '−다, −ㅂ니다.'

2. 느낌을 표현하는 문장에 사용하는 말: '−구나, −로구나, −군!'

3. 무엇인가를 묻는 문장에 사용하는 말: '−니, −느냐, −습니까, −ㅂ니까?'

4. 무엇을 하도록 시키는 문장에 사용하는 말: '−어라, 으십시오.'

5. 함께 하기를 요청하는 문장에 사용하는 말: '−자, −ㅂ시다.'

1. 다음 문장에 해당하는 문장의 종류를 보기 에서 찾아 그 번호를 써 보세요.

보기	① 설명하는 문장	② 느낌을 표현하는 문장
	③ 무엇을 하도록 시키는 문장	④ 무엇인가를 묻는 문장
	⑤ 함께 하기를 요청하는 문장	

⑴ 우리 집에 왜 왔니? (　　　)　　　⑵ 꽃 찾으러 왔단다. (　　　)

⑶ 분하다! (　　　)　　　⑷ 말도 마라. (　　　)

⑸ 꽃바구니 하나 얻었다. (　　　)　　　⑹ 우리 집에 가자. (　　　)

★ 문장의 내용과 끝맺음을 파악하여 문장의 종류를 구별해 봅니다.

2. 다음 문장에 알맞은 문장 부호를 각각 써 넣으세요.

⑴ 우리 집에 왜 왔니 ☐　　　⑵ 꽃 찾으러 왔단다 ☐

⑶ 분하다 ☐　　　⑷ 말도 마라 ☐

★ 설명하는 문장, 무엇을 하도록 시키는 문장, 함께 하기를 요청하는 문장의 끝맺음에는 마침표(.)가 오고, 무엇인가를 묻는 문장에는 쉼표
(,)가 오고, 느낌을 표현하는 문장에는 느낌표(!)가 옵니다. 낱말이나 문장이 반복될 때에는 쉼표를 사용합니다.

문장의 종류와 문장 부호에 대해 공부한 훈민이는 〈요술 항아리〉라는 이야기에 문장 부호를 지웠어요. 이야기를 읽으면서 알맞은 문장 부호를 넣어 보세요.

옛날 어느 마을에 부지런한 농부가 살았어요.

농부는 열심히 일해서 욕심쟁이 부자에게 밭을 샀어요.

어느 날 부지런한 농부가 밭을 일구다가 항아리 하나를 발견했어요.

'어, 항아리가 왜 이런 곳에 있지?'

농부가 괭이로 항아리를 힘껏 끌어 올리니 수많은 항아리들이 줄줄이 끌려 나왔지요.

□항아리가 계속 올라오는 걸 보니 요술 항아리가 분명해□□

이 소문이 퍼지자 땅을 판 욕심쟁이 부자가 샘이 났어요.

부자는 재빨리 농부를 찾아 갔어요□

□내 땅에서 항아리가 나왔으니 내것이 맞지요□□

"그런 엉터리가 어디 있소. 원님에게 물어봅시다. "

원님은 두 사람의 이야기를 듣자 역시 요술 항아리가 탐났지요.

"두 사람은 항아리 때문에 이웃끼리 원수가 되었으니 차라리 내가 갖고 있겠다.

당장 물러가거라□"

그날 밤 원님의 아버지가 살금살금 요술 항아리를 들여다보았어요.

아뿔싸!

원님의 아버지가 발을 헛디뎌서 항아리 속으로 빠지고 말았어요.

바로 그때 원님의 아버지가 하나, 둘, 셋□□

열 명이 넘는 아버지가 항아리에서 나왔지요.

원님은 누가 진짜 아버지인지 몰라 발을 동동 굴렀답니다.

문장의 종류에 맞게 글을 쓰는 방법

문장을 쓸 때에는 여러 종류의 문장을 쓰면 풍부해져!
1. 쓰려는 목적에 알맞은 문장의 종류를 선택합니다.
2. 알맞은 문장 부호를 넣어 문장을 완성합니다.

1. 이 글에서 다음 문장의 종류에 해당하는 문장을 찾아 보기 와 같이 써 보세요.

(1) 설명하는 문장	보기 옛날 어느 마을에 부지런한 농부가 살았어요.
(2) 느낌을 표현하는 문장	(1)
(3) 무엇인가를 묻는 문장	(2)
(4) 무엇을 하도록 시키는 문장	(3)
(5) 함께 하기를 요청하는 문장	(4)

★문장의 내용과 끝맺음으로 문장의 종류를 각각 찾아봅니다. 설명하는 문장, 무엇을 하도록 시키는 문장, 함께 하기를 요청하는 문장의 끝맺음에는 마침표(.)가 오고, 무엇인가는 묻는 문장에는 쉼표(,)가 오고, 느낌을 표현하는 문장에는 느낌표(!)가 각각 옵니다.

2. 다음 문장에 알맞은 문장 부호를 각각 써 넣으세요.

(1) ☐ 항아리가 계속 올라오는 걸 보니 요술 항아리가 분명해 ☐ ☐

(2) 부자는 재빨리 원님을 찾아 갔어요 ☐

(3) ☐ 내 땅에서 항아리가 나왔으니 내것이 맞지요 ☐ ☐

(4) 당장 물러가거라 ☐

(5) 하나, 둘, 셋 ☐ ☐

★문장의 종류에 알맞은 문장 부호를 알아봅니다. 큰따옴표("")는 한 말을 그대로 옮겨 적을 때, 작은따옴표('')는 한 말을 드러내어 옮겨 적을 때, 말줄임표(……)는 할 말을 줄이거나 말이 없음을 나타낼 때 씁니다.

1. 다음은 하루 동안 한 일을 적은 일기입니다. 잘 읽고 물음에 답하세요.

> 저녁에 엄마의 어깨를 주물러 드렸다.
>
> " _____ "
>
> 엄마가 칭찬을 해 주시자 나는 무척 기뻤다.
>
> 일기를 쓰면서 곰곰이 생각을 해 보았다.
>
> <u>□엄마의 어깨가 왜 아플까□□</u>
>
> 아마도 나와 동생을 돌보고, 집안일을 하느라 그러신 것 같다.
>
> 이제부터 동생과 함께 집안일을 도와 드려야겠다.

(1) 글쓴이가 한 일은 무엇입니까?

(2) 빈칸에 알맞은 내용을 '느낌을 표현하는 문장'으로 써 보세요.

(3) 밑줄 친 문장에 알맞은 문장 부호를 써 넣으세요.

> □엄마의 어깨가 왜 아플까□□

(4) 다음 문장을 '함께 하기를 요청하는 문장'으로 바꾸어 써 보세요.

> 동생과 함께 집안일을 도와 드려야겠다.

↓

> 동생아,

★ 문장의 종류를 바꾸어 쓸 때에는 끝맺음에 쓰는 말을 사용하여 써야 합니다. 함께 하기를 요청하는 문장에는 '-자'.'-ㅂ시다' 등의 말을 사용합니다.

2. 1을 참고하여 오늘 하루의 일기를 여러 종류의 문장을 넣어 써 보세요.

★ '설명하는 문장, 느낌을 표현하는 문장, 무엇인가를 묻는 문장, 무엇인가를 시키는 문장, 함께 하기를 요청하는 문장'을 각각 넣어 일기를
   실감 나게 써 봅니다.

선생님 말씀

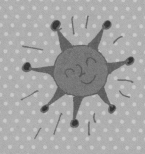

12주

표준어야, 어디 있니?

표준어

훈민이와 정음이는 외나무다리의 양끝에 서 있어요. 다리에 쓰인 방언을 표준어로 모두 찾으면 만날 수 있지요. 다음 길을 따라가서 훈민이와 정음이를 만나게 해 주세요.

표준어

표준어는 한 나라에서 표준이 되게 정한 말로, 교양 있는 사람들이 쓰는 현대 서울말이야. 표준어를 사용하면 다른 지역 사람들과 의사소통이 잘 이루어지고, 누구나 함께 이해할 수 있어!

 이 그림에서 미로를 따라 찾은 표준어를 찾아 줄로 이어 보세요.

(1) 할아부지	① 무엇
(2) 아지매	② 할아버지
(3) 무시기	③ 아주머니
(4) 정구지	④ 부추
(5) 고만	⑤ 그만
(6) 댕기다	⑥ 다니다

 다음 낱말 중에서 표준어를 찾고, 표준어인 까닭을 찾아 각각 ○표 하세요.

(1) (대가리, 머리)

비속어	교양 있는 말

(2) (가람, 강)

옛날에 사용한 말	현대에 사용하는 말

(3) (인자, 이제)

지방의 말	서울말

★표준어는 교양 있는 사람들이 쓰는 현대 서울말입니다.

훈민이와 정음이는 캠핑을 갔어요. 그곳에는 전국에서 온 친구들을 만났지요. 시끌벅적 왁자지껄 정다운 대화가 오가는 사이에 벌써 하하호호 웃음꽃이 폈어요. 하지만 훈민이와 정음이는 고개를 갸우뚱했지요. 왜 그랬는지 살펴보세요.

방언

방언은 하나의 언어 안에서 특정 지역에 따라 다르게 사용하는 말로, 각 지역에 따라 독특한 모습을 지니고 있어. 우리나라 방언에는 경상도, 전라도, 충청도, 경기도, 강원도, 제주도, 황해도, 평안도, 함경도 방언이 있어. 같은 지역 사람끼리 방언을 사용하면 서로 가깝게 느껴지기도 해.

1. 다음 방언을 〈보기〉와 같이 표준어로 바꾸어 써 보세요.

> 〈보기〉 행님들, 어서 오이소. ➡ (형님들, 어서 오세요.)

(1) 나이가 많으니께 그렇당게. ➡ (   )

(2) 이것 좀 봐유. ➡ (   )

(3) 우리는 친구 아이가? ➡ (   )

(4) 우리는 한 팀이랑게. ➡ (   )

★ 각 지역의 방언은 서로 다른 활용을 합니다. 경상도는 '-(이)소.', 전라도는 '-당게.' 충청도는 '-유.' 등이 각각 붙습니다.

2. 다음은 각 지역의 여러 가지 방언입니다. 각 방언에 짝을 이루는 표준어를 써 넣으세요.

〈보기〉	할아부지, 할배, 할아바이 하르방, 할아버이	할아버지

(1)

아배, 아바이	

(2)

얼라, 알라	

(3)

보말	

(4)

오모가리	

★ 각 방언의 뜻을 알고, 짝을 이루는 표준어를 찾습니다.

훈민이는 캠핑에서 돌아와서 일기를 썼어요. 그런데 다음 낱말들을 쓸 때에 표준어가 둘 중 어느 것인지 헷갈려서 진땀이 났어요. 표준어에 해당하는 낱말에 ○표를 하며 읽어 보세요.

○○년 ○월 ○일 ○요일 날씨:

정음이와 함께 캠핑을 다녀왔다.

처음에는 전국에서 온 친구들과 생활을 하려니 조금 어색했다.

하지만 (몇일, 며칠)이 지나니 (금새, 금세) 친해진 느낌이 들었다. 돌아오는 길에 휴게소에서 짜장면을 먹었다. 정음이와 누가 빨리 먹는지를 (겨누어서, 겨루어서) 내가 이겼다.

(떡볶이, 떡볶기)도 먹고 싶었는데 시간이 없어서 못 먹었다.

(슈퍼마켓, 수퍼마켓)에서 (초콜렛, 초콜릿)만 겨우 사서 버스에 올랐다.

표준어 가려 쓰기와 복수 표준어

표준어는 가려 써야 하는 경우와 그렇지 않은 경우가 있어.

1. 표준어는 틀리기 쉽거나 헷갈리는 것과 구별하여 가려 써야 합니다.

2. '자장면, 짜장면'과 같이 두 개 이상의 낱말을 표준어로 인정한 복수 표준어는 둘다 사용해도 됩니다.

1. 이 글에서 ○표를 하면서 찾아낸 표준어를 ( ) 안에 써 넣으세요.

( )이 지나니 ( ) 친해진 느낌이 들었다. 돌아오는 길에 휴게소에서 짜장면을 먹었다. 정음이와 누가 빨리 먹는지를 ( ) 내가 이겼다. ( )도 먹고 싶었는데 시간이 없어서 못 먹었다. ( )에서 ( )만 겨우 사서 버스에 올랐다.

★ 맞춤법이나 발음상 비슷해서 틀리기 쉽거나 헷갈리는 낱말들은 기억해 두어야 합니다. 이것들을 잘 구별하여 표준어를 가려 써야 합니다.

2. 보기 와 같이 둘다 표준어로 인정한 복수 표준어를 따라 써 보세요.

보기
(자장면)이 맛있다.
(짜장면)이 맛있다.

(1) (옥수수)가 길다.
(강냉이)가 길다.

(2) (날개)를 펼치다.
(나래)를 펼치다.

(3) (눈꼬리)가 매섭다.
(눈초리)가 매섭다.

(4) (뜰)이 아름답다.
(뜨락)이 아름답다.

★ 복수 표준어는 두 개 이상의 표준어를 인정한 말입니다. 써 보며 눈으로 익혀둡니다.

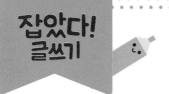

1. 다음은 헷갈리기 쉬운 낱말들입니다. 둘 중에서 표준어를 골라서 빈칸에 써 넣으세요.

찌개	(1)	찌게
곰곰이	(2)	곰곰히
난쟁이	(3)	난장이
눈곱	(4)	눈꼽
바람	(5)	바램
숨바꼭질	(6)	숨박꼭질
윗도리	(7)	웃도리
어이없다	(8)	어의없다
도넛	(9)	도너츠
스폰지	(10)	스펀지

★ 틀리기 쉬운 낱말들을 구별하여 쓰는 활동입니다. 표준어를 쓰면서 눈과 손으로 익혀 봅니다.

2. 다음은 일부에서 잘못 쓰고 있는 외래어입니다. 표준어로 바꾸어 써 보세요.

보기   빵꾸 ➡ 펑크

(1) 쥬스 ➡ (   )   (2) 케잌 ➡ (   )

(3) 텔레비젼 ➡ (   )   (4) 수퍼마켓 ➡ (   )

(5) 쪼꼬렛 ➡ (   )   (6) 탈렌트 ➡ (   )

★ 외래어 표기법을 잘 알고 표준어로 바꾸어 써 봅니다.

3. 다음은 〈할아버지 등 긁기〉라는 동시입니다. 다음 밑줄 친 곳에 알맞은 방언을 넣어 동시를
   바꾸어 써 보세요.

할아버지 등 긁기   _____

김하늘   _____

대구 대구 대구   대구 대구 대구

아이구 시원테이.   _____

전주 저언주   전주 저언주

거그 거그 어이 시원혀.   _____

서어울 서울   ➡   서어울 서울

그래그래 아이 시원해.   _____

부산 부산 부산   부산 부산 부산

거어 쫌 글거바라.   _____

부산은 옆구리니까   ____은 _____

할아버지가 긁어요.   _____

★ 잘 알고 있는 지역의 방언을 넣어 써 봅니다.

선생님 말씀

1주 받아쓰기

맞춤법을 잡아라! 12~13쪽
1. (1) 도라라 (2) 지퍼라 (3) 불러라 (4) 가거라
2. (1) 이피 (2) 꼬체 (3) 부어케 (4) 수페서

글쓰기를 잡아라! 14~15쪽
1~2. 각자 바르게 써 봅니다.

잡았다! 글쓰기 16~17쪽
1. (1) 한테 (2) 받으셔서 (3) 같이 (4) 걱정
2. ⑤
3. 각자 써 봅니다.

2주 띄어쓰기

맞춤법을 잡아라! 22~23쪽
1. (1) 천 원 (2) 오천 원 (3) 만 원 (4) 오만 원
2. (1) 이이 (2) 이황 (3) 세종 대왕 (4) 신 사임당 (5) 예 이준, 강보람, 남궁슬혜 등

글쓰기를 잡아라! 24~25쪽
1. (1) 두 바퀴 (2) 여덟 바퀴
2. (1) 나팔꽃이 인사합니다. (2) 바둑이도 같이 돌자.
3. (1) 세 송이 (2) 한 마리

잡았다! 글쓰기 26~27쪽
1. (1) 한 개 (2) 한 마리 (3) 한 켤레
2. (1)

솔	이	가		동	생	에	게		심	부	름	을
시	켰	다	.									

(2)

이	순	신		장	군	이		명	량	에	서	
승	리	하	셨	다	.							

(3)

할	머	니	께	서		한	복		한		벌	을
사	오	셨	다	.								

3.

토	끼	와		거	북	이		달	리	기		경
주	를		하	였	습	니	다	.	처	음	에	는
토	끼	가		거	북	을		훨	씬		앞	질	렀
습	니	다	.		그	러	자		토	끼	가		자	만
해	서		나	무		아	래	에	서		쿨	쿨
낮	잠	을		잤	습	니	다	.		하	지	만		거
북	은		끝	까	지		포	기	하	지		않	고
기	어	갔	습	니	다	.		마	침	내		거	북	은
뒤	늦	게		깬		토	끼	에	게		승	리	하
였	습	니	다	.								

3주 알맞은 낱말

맞춤법을 잡아라! 32~33쪽
1. (1) 달라요 (2) 잊어버렸나 봐요 (3) 붙여 주고
2. (1) 가리키는 (2) 졸였습니다. (3) 반드시

글쓰기를 잡아라 34~35쪽
1. (1) 저리다 (2) 졸이다 (3) 식히다 (4) 줄이다
2. 예 (1) 기저귀에 냄새가 <u>배다</u>. 나무꾼이 나무를 <u>베다</u>. (2) 나그네가 여관에 <u>묵다</u>. / 누나가 머리를 <u>묶다</u>. (3) 아들을 왕으로 <u>삼다</u>. 엄마가 빨래를 <u>삶다</u>.

잡았다! 글쓰기 36~37쪽
1. (1) 마치다 (2) 붙이다 (3) 삶다 (4) 잃어버리다 (5) 반듯이
2. (1) 주리다 (2) 베다 (3) 삼다
3. 각자 써 봅니다.

4주 높임말

맞춤법을 잡아라! 42~43쪽
1. (1) 병환 (2) 편찮으셔서 (3) 연세 (4) 말씀
2. (1) 께서, 혼내셨다 (2) 말씀

글쓰기를 잡아라! 44~45쪽
1. (1) 편찮으시다 (2) 뵙다
2. (1) 부모님 (2) 할아버지 (3) 선생님

잡았다! 글쓰기 46~47쪽
1. (1) ④ (2) ⑤ (3) ③ (4) ② (5) ①
2. (1) 주무시다 (2) 드리다 (3) 여쭙다 (4) 안녕하세요
3. 각자 써 봅니다.

5주 낱말의 짜임

맞춤법을 잡아라! 52~53쪽
1. (1) 당근 (2) 호두 (3) 버섯 (4) 양파 (5) 무
2. (1) 쌀밥 (2) 미역국 (3) 뭇국 (4) 갈비찜

글쓰기를 잡아라! 54~55쪽
1. 산, 떡, 고개, 하나, 다음, 어머니
2. 예 소원, 시루떡, 심술쟁이

잡았다! 글쓰기 56~57쪽
1. (1) 누나, 소라, 동그라미, 이불, 거울, 바닥 (2) 국밥, 햇김, 눈사람, 애호박, 잠옷, 꽃병, 책가방, 밥그릇, 눈물, 풋잠, 잠꾸러기, 심술꾸러기, 개구쟁이
2. 예 라면 (1) 간단히 먹을 수 있는 요리를 알려 주려고 (2) 물을 넣고 끓이다가 물이 끓으면 라면과 스프를 넣고 3분간 더 끓인다. (3) 불을 사용할 때에는 어른의 도움을 받는다.
3. 각자 써 봅니다.

6주 느낌을 나타내는 말

맞춤법을 잡아라! 62~63쪽
1. (1) 연두 (2) 회색
2. 예 (1) 새파랗다, 파르스름하다 (2) 샛노랗다, 노르스름하다

글쓰기를 잡아라! 64~65쪽
1. (1) 쨍쨍 (2) 짹짹짹 (3) 살랑살랑 (4) 따르르릉 (5) 보들보들 (5) 뒹굴뒹굴
2. (1) 벙글벙글 (2) 깡충깡충 (3) 번쩍번쩍 (4) 동동동

잡았다! 글쓰기 66~67쪽
1. 노랑, 주황, 빨강, 보라, 파랑, 연두, 초록, 하늘색, 살구색, 고동색, 하양, 검정
2. 예 (1) 보드레하다, 보드랍다 (2) 딱딱하다, 반지르르하다 (3) 까슬까슬하다, 까칠하다 (4) 질퍽하다, 질척질척하다 (5) 쫀득쫀득하다, 찐득찐득하다 (6) 뽀독뽀독하다, 달그락달그락하다
3. 각자 써 봅니다.

7주 고유어, 한자어, 외래어

맞춤법을 잡아라! 72~73쪽
1. 예 (1) 천사 (2) 공주 (3) 딸기 (4) 장미 (5) 사과
2. 예 안물, 안 물어 봤어. (2) 뼈정, 버스 정류장

글쓰기를 잡아라! 74~75쪽
1. (1) 만화 영화 (2) 역 (3) 경찰서 (4) 장난감
2. (1) ③ (2) ④ (3) ① (4) ⑤ (5) ②

잡았다! 글쓰기 76~77쪽
1. (순서대로) 고, 한, 고, 고, 외, 외, 고, 고, 한, 한, 외, 외, 고, 외, 고, 한, 외
2. (1) 만두 (2) 빵 (3) 미리내
3. 각자 써 봅니다.

8주 동형어와 다의어

맞춤법을 잡아라! 82~83쪽
1. (1) 갈다 (2) 마르다
2. (1) 가다 (2) 먹다

글쓰기를 잡아라! 84~85쪽
1. (1) ② (2) ① (3) ①

잡았다! 글쓰기 86~87쪽
1. (1) 말 (2) 가지 (3) 발 (4) 사과 (5) 다리 (6) 벌 (7) 밤 (8) 굴 (9) 눈 ⑩ 병
2. 예 (1) 나는 다리에 앉아서 다리를 주물렀다. (2) 밤에 밤을 구워 먹었다. (3) 우리 가족은 차를 마시고 차에 탔다.

9주 낱말의 종류와 활용

맞춤법을 잡아라! 92~93쪽
1. ○: 걸어, 나가면, 만나고, 오겠네, 웃으면, 들리겠네 ☆: 둥그니까
2. (1) 걷다 (2) 나가다 (3) 만나다 (4) 오다 (5) 웃다 (6) 들리다

글쓰기를 잡아라! 94~95쪽
1. (순서대로) 명, 명, 형, 형, 동, 동, 동, 동
2. 예 (1) 선생님이 학생을 칭찬하였다. (2) 세종 대왕이 훈민정음을 만들었다. (3) 자동차에 가방을 가득 실었다.

잡았다! 글쓰기 96~97쪽
1. (1) 정음이 (2) 날짜, 시간, 장소 (3) 친구들이 와 주면 좋겠다.
(4) 예 약도나 유의할 점
2. 각자 써 봅니다.

맞춤법을 잡아라! 102~103쪽
1. (1) 엿장수를 (2) 슬픈
2. 예 (1) 어린 (2) 모자를 벗은 (3) 나이가 많은 (4) 소매를 걷은

글쓰기를 잡아라! 104~105쪽
1. (1) 개미가 (2) 비둘기가
2. (1) 물을 (2) 총을
3. 예 (1) 착한 (2) 나쁜

잡았다! 글쓰기 106~107쪽
1. (1) 놀부, 흥부 (2) 제비를 (3) 심고, 키우고, 수확했다
(4) 큰, 집과 재산을 잃은
2. 예 욕심쟁이 형 놀부와 착한 동생 흥부가 살았다. 흥부는 다리를 다친 제비를 치료해 주었다. 그래서 제비가 물어다 준 박씨를 심고, 가꾸고, 수확해서 큰 부자가 되었다. 그러나 거짓 행동을 한 놀부는 집과 재산을 모두 잃은 가난뱅이가 되었다.

11주 문장의 종류

맞춤법을 잡아라! 112~113쪽
1. (1) ④ (2) ① (3) ② (4) ③ (5) ① (6) ⑤
2. (1) ? (2) . (3) ! (4) .

글쓰기를 잡아라! 114~115쪽
1. 예 (1) 아뿔싸! (2) 내 것이 맞지요? (3) 당장 물러 가거라.
(4) 원님에게 물어봅시다.
2. (1) '/ ! /' (2) . (3) "/ ? /" (4) . (5) …….

잡았다! 글쓰기 116~117쪽
1. (1) 엄마 어깨를 주물러 드리기 (2) 예 아, 시원하다! 우리 ○○이 다 컸네! (3) '/ ? /' (4) 우리 함께 집안일을 도와 드리자.
2. 각자 써 보세요.

12주 표준어

맞춤법을 잡아라! 122~123쪽
1. (1) 나이가 많으니까 그렇지. (2) 이것 좀 봐요.
(3) 우리는 친구지? (4) 우리는 한 팀이야.
2. (1) 아버지 (2) 아기 (3) 고동 (4) 뚝배기

글쓰기를 잡아라! 124~125쪽
1. (순서대로) 며칠, 금세, 겨루어서, 떡볶이, 슈퍼마켓, 초콜릿
2. 각자 따라 써 봅니다.

잡았다! 글쓰기 126~127쪽
1. (1) 찌개 (2) 곰곰이 (3) 난쟁이 (4) 눈곱 (5) 바람 (6) 숨바꼭질 (7) 윗도리 (8) 어이없다 (9) 도넛 ⑩ 스펀지
2. (1) 주스 (2) 케이크 (3) 텔레비전 (4) 슈퍼마켓 (5) 초콜릿 (6) 탤런트
3. 각자 써 봅니다.

맞춤법
잡는
글쓰기

2016년 9월 26일 1판 1쇄
2021년 2월 28일 1판 3쇄

글_ 지에밥 창작연구소
그림_ 홍성지
디자인_ 장현순
사진_ 굿이미지, 두피디아 포토박스, 국립중앙박물관, 호암미술관

펴낸이_ 강영주
펴낸곳_ 지에밥
주소_ 경기도 성남시 분당구 장미로 55, 110-1602
전화_ (031)602-0190
팩스_ (031)602-0190, 0504-236-0190
등록_ 제2012-000051호(2011. 10. 20.)
이메일_ slchan01@naver.com
블로그_ blog.naver.com/slchan01
ISBN_ 979-11-85646-18-3 64710